Ortheil | Charaktere in meiner Nähe

Hanns-Josef
Ortheil

Charaktere in meiner Nähe

RECLAM

2022 Philipp Reclam jun. Verlag GmbH,
Siemensstraße 32, 71254 Ditzingen
Umschlaggestaltung:
Philipp Reclam jun. Verlag GmbH
Druck und buchbinderische Verarbeitung:
GGP Media GmbH,
Karl-Marx-Straße 24, 07381 Pößneck
Printed in Germany 2022
Reclam ist eine eingetragene Marke
der Philipp Reclam jun. GmbH & Co. KG, Stuttgart
ISBN 978-3-15-011421-6

Auch als E-Book erhältlich

www.reclam.de

Einladung zur Lektüre

Theophrastos von Eresos (um 371 – um 287 v. Chr.) wurde als einer der begabtesten und vielseitigsten Schüler des griechischen Philosophen Aristoteles bekannt. Zusammen mit seinem großen Lehrer wirkte er in dessen philosophischer Schule, dem Peripatos in Athen. Nach Aristoteles' Tod übernahm er die Leitung und führte sie erfolgreich weiter. Im Verlauf seines Unterrichts hat Theophrast viele Schriften verfasst, darunter auch ein kleines Büchlein mit dem Titel *Charaktere*, das um 319 v. Chr. entstanden ist.

Es besteht aus dreißig kurzen Porträts von menschlichen Typen, die Theophrast im Athen seiner Zeit aufmerksam beobachtet hat. Der Begriff ›Charakter‹ ist dabei nicht im heutigen Sinn zu verstehen. Er meint vielmehr im Griechischen die wesentliche ›Prägung‹, die einen Menschen ausmacht und in vielen einzelnen Momenten seiner Existenz zum Ausdruck kommt. Eine solche ›Prägung‹ verliert man mit der Zeit nicht, sie ist vielmehr so wesentlich, dass sie einen durch ein ganzes Leben begleitet.

Die Texte porträtieren *Charaktere* wie »den Schmeichler«,

»den Gefallsüchtigen«, »den Kleinlichen« oder »den Ungehobelten« – und das jeweils in dieser kaleidoskopartigen Form:

Der Ungehobelte

Der Ungehobelte trinkt, bevor er zur Volksversammlung geht, erst noch einen Kykeon; er behauptet nämlich, dass Parfüm durchaus nicht süßer dufte als Thymian. Er trägt zu große Schuhe. Er spricht (stets) mit lauter Stimme.

Er misstraut seinen Freunden und Angehörigen, aber seine Haussklaven weiht er in die wichtigsten Dinge ein; auch den Tagelöhnern, die für ihn die Feldarbeit leisten, erzählt er alles, was sich gerade in der Volksversammlung abgespielt hat.

Beim Sitzen schlägt er (gewöhnlich) seinen Mantel oberhalb der Knie nach oben, so dass seine Blöße zu sehen ist.

Nichts kann ihn erfreuen auf der Straße oder in Staunen versetzen, aber wenn ihm ein Ochse, Esel oder Ziegenbock über den Weg läuft, bleibt er stehen und beäugt ihn.

Wenn er etwas aus der Speisekammer holt, isst er gleich gern davon, und den Wein trinkt er (vorzugsweise) mit wenig Wasser.

Erst treibt er es heimlich mit der Köchin, und gleich danach hilft er ihr beim Mahlen des Getreides und (der Zuteilung) der Tagesration für alle Hausgenossen und für sich selbst.

Während des Frühstücks wirft er den Ochsen nebenher ihr Futter vor.

Er öffnet Ankömmlingen selbst die Tür und ruft dann den Hund, packt ihn an der Schnauze und sagt: »Da seht ihr, was für ein Kerl hier auf mein Grundstück und Haus aufpasst.«

Will ihm jemand Geld zurückerstatten, bringt er es fertig, die Annahme einer Silbermünze zu verweigern, weil sie einen zu hohen Bleigehalt habe, und statt ihrer eine andere zu verlangen.

Hat er einem Nachbarn einen Pflug, einen Korb, eine Sichel oder einen Sack geliehen, kann er nachts nicht schlafen, weil er immer daran denken muss.

Er singt im Bad und beschlägt seine Schuhe mit Nägeln.

Geht er in die Stadt hinunter, fragt er einen ihm gerade Entgegenkommenden, wie viel das Leder gekostet habe und der Räucherfisch und ob der Archon an diesem Tag den Monatsbeginn verkünde, und sagt ihm, dass er sich, gleich wenn er unten angekommen sei, die Haare schneiden lassen und auf demselben Weg im Vorbeigehen bei Archias Räucherfisch besorgen wolle. (Übers. von Karsten Wilkens, Reclams Universal-Bibliothek 14214, S. 17/19.)

Gut erkennbar ist, dass Theophrast nicht die Psyche seiner Figuren seziert, sondern zeigt, wie und woran man ihre jeweilige Zugehörigkeit zu einem Typus erkennt. So erzählt er in episodischer Manier von ihrem Tun und Lassen anhand der oft übersehenen, aber deutlich wahrnehmbaren Zeichen ihrer Selbstdarstellung. Er kreist auffällige Verhaltensformen ein und studiert sie: Was fällt als Erstes auf? Erweitert sich die erste Einschätzung einer Person um weitere Komponenten? Lassen ihre Kleidung, ihre Vorlieben oder ihr Sprechen Rückschlüsse zu?

Immer enger zieht sich das aus den unterschiedlichsten Beobachtungen bestehende Netz der Wahrnehmung zusammen, so dass aus einer zunächst nur flüchtig gesehenen Gestalt des Athener Großstadtlebens ein Typus und allmählich sogar eine Figur wird. Als Figur spielt sie auf der Bühne der öffentlichen Räume eine bestimmte Rolle und ist dadurch ein kleiner, quicklebendiger Teil der *Comédie humaine.*

Schon vor vielen Jahren erstaunte ich während meiner Lektüre immer wieder über diese scharfen Blicke einer präzisen Menschenkenntnis. Vergleichbares kannte ich lange nicht. Die Lektüre wirkte anregend und mehr noch – sie verleitete einen dazu, Personen in der eigenen Umgebung in ähnlicher Form genauer zu betrachten.

Das habe ich oft auch als ein Schriftsteller getan, der Theophrasts Methodik für sein Schreiben nutzen und fruchtbar machen konnte. Figuren und Charaktere zu erfinden, ist schließlich eine zentrale Aufgabe des Erzählens überhaupt. Durch Theophrast angeregt, studierte ich die Eigenwilligkeiten von Menschen genauer, um daraus Gestalten für das eigene Erzählen zu gewinnen. Manchmal machte ich mir selbst auch durch kurze Notizen klar, aus welchen einzelnen Zügen und Momenten meine Figuren und Personen sich zusammensetzten.

Dieses Verfahren ist aber nicht nur im Zug von literarischen Vorarbeiten für Erzählungen oder Romane von Interesse. Auch im alltäglichen Leben kann es nützlich sein, indem es aus dem Umgang mit anderen Menschen ausbaufähige Erfahrungen macht. Im idealen Fall entwickelt sich im geselligen Kreis eine Art von Gesellschaftsspiel: Was fällt an unserem Gegenüber auf? Welche Regungen und Gesten offenbaren ein typisches Verhalten? Und wo durchbrechen singuläre Lebensimpulse die ersten Festlegungen?

Um davon zu berichten, bin ich Theophrast in diesem Buch gefolgt und erzähle von heutigen Charakteren in meiner Nähe. Dabei lehne ich mich an seine Methode einer präzisen Porträtkunst an, ohne sie penetrant zu kopieren. Meine Sammlung beginnt mit kurzen Skizzen und erweitert sich dann zu Miniaturen und eigenständigen Geschichten.

Die Kunst eines solchen Erzählens besteht darin, eine gleichsam schwebende Balance zwischen der Figur eines Typus und seiner individuellen Gestalt zu finden. Ist der Typus zu starr gezeichnet, wird er zur Karikatur oder gar zum Klischee. Erhält er dagegen genug individualisierende Ressourcen, bleibt er als profilierte Gestalt dauerhaft in Erinnerung. Solche lebendigen Existenzen von heute vor dem Hintergrund von Theophrasts Methodik zu entwerfen – das hatte ich vor. Zusammen wirken sie wie das Personal eines breit angelegten Romans, der Verhaltenssymptome der Gegenwart analysiert.

Allen Freundinnen und Freunden, die ›Modell gestanden‹ haben, danke ich an dieser Stelle für die Bereitschaft, sich als Porträtierte gespiegelt zu sehen.

Charaktere – in meiner Nähe

Die Aber-Sagerin

Die Aber-Sagerin hört einem nur mit halber Aufmerksamkeit zu. Während man mit ihr redet, überlegt sie bereits, wie sie antworten könnte: »Ja, aber ...«

Hat sie ein passendes »Aber« gefunden, bestärkt sie dieser Fund so, dass sie auf das erste auch ein zweites und drittes »Aber« folgen lässt.

Passt man nicht auf, landet man mit ihr im Aber-Universum. Dort steht alles auf der Kippe: die nächste Aktion, die kommenden Monate, das folgende Jahr, das zukünftige Leben.

Ihre Leidenschaft für das »Aber« lässt sie sogar alles in Frage stellen, was gerade nicht stattfindet, möglicherweise aber stattfinden könnte.

Unentwegt sucht sie nach den Abgründen des Daseins. An jeder Ecke tun sie sich auf, so dass es am besten wäre, man rührte sich nicht mehr.

Verlangt man von ihr schließlich doch einen Entschluss, gibt sie in Notfällen klein bei und macht mit.

Während man mit ihr etwas plant, verfolgt sie jedoch im

Stillen weiter die Gegenwelten des »Aber«. So handelt sie nur unter Vorbehalt.

Nie kommt man mit ihr an ein Ende. Hat man etwas zusammen unternommen, sagt sie: »Schön und gut, aber …«

Es bringt einen nicht weiter, auf ihr »Aber« ebenfalls mit einem »Aber« zu antworten. Sie ist die Meisterin, man würde in jedem Fall den Kürzeren ziehen.

Macht man sie auf ihr »Aber« aufmerksam, ist sie gekränkt. Da man sie nicht kränken möchte, nimmt man rasch wieder alles zurück. Sie lächelt und sagt: »Na gut, aber …«

Erzählt man ihr eine Neuigkeit, zweifelt sie am Wahrheitsgehalt des Erzählten. Sie schaut einen nachdenklich an und sagt: »Aber ist das wirklich so gewesen?«

Um sie auf einen neuen Gedanken zu bringen, bietet man ihr ein »oder« an: »Wollen wir hierhin oder dorthin?« Sie überlegt kurz und antwortet: »Gerne hierhin, aber im Dorthin gefällt es mir auch …«

Der Enthusiast

Der Enthusiast schwingt die Flügel der Einbildungskraft. Mit ihrer Hilfe fliegt er in Richtung zukünftiger Ländereien, die er unbedingt erobert sehen möchte.

Spricht er von ihnen, gerät er in einen Rausch. Glühend vor Begeisterung, malt er die Zukunft aus.

Wendet man dies oder das gegen sein Schwärmen ein, reagiert er empfindlich, oft sogar beleidigt.

Seine Träume gehören anfänglich nur ihm, so solitär sind sie gebaut. Verwirklichen will er sie aber mit anderen, von denen er umstandslos annimmt, dass sie ebenfalls Enthusiasten sind.

Nichts verabscheut er so sehr wie Bedenkenträger oder Menschen, die jeden Schwung durch Einwände ausbremsen.

Hat er sich einem Ziel verschrieben, verwendet er allen Eifer, es zu erreichen, bis hin zur Selbstaufgabe.

Durch seine starke Willenskraft saugt er von allen Seiten Begleitung an: Bilder, Musik, Tanz – alles, was ihn auch nur entfernt berührt, nimmt er auf seinen Ritten und Wegen mit.

Unterlaufen böse oder finstere Mächte seinen Lebensernst, klappt er zusammen und regt sich nicht mehr.

Er ist und bleibt ewig jung. Nicht einmal vorstellen kann er sich, dass er altert oder seine Pläne etwas Gestriges haben könnten. In seinen Augen sind sie die Glanzlichter einer besseren Zeit.

Gerät er außer sich, weil ihn sein großer Schwung forträgt, lädt er alle zum Essen und Trinken ein. Sein finaler Traum ist das große Fest, das er nicht lange plant, sondern ohne große Mühe improvisiert.

Hat er einige Freundinnen und Freunde um sich geschart, widmet er sich jeder und jedem von ihnen, indem er sie nach ihren besonderen Festwünschen befragt und sie nach Möglichkeit auch erfüllt.

Die Promovendin

Die Promovendin behandelt alles so, als müsste sie darüber eine Doktorarbeit schreiben. Jedes Ding und jedes Ereignis werden so lange von allen Seiten betrachtet, bis sie in alle nur denkbaren Teile zerlegt sind.

Die ungezählten Perspektiven des Betrachtens benennt und reflektiert sie ausgiebig. Nagelt man sie auf eine bestimmte Idee fest, zieht sie sofort die Karte einer anderen.

Widmet man sich mit ihr einem neuen Projekt, beginnt sie mit Gliederungen des Möglichen: Erstens, Zweitens, Drittens, a, b, c …

Sie liebt Einschübe, Absätze, Interpunktion. Jedem noch so simplen Hauptsatz eröffnet sie weite Felder möglicher Nebensätze, Streiflichter und Pausen.

Ist man mit ihr zu Fuß unterwegs, zieht sie in Gedanken die Register sämtlicher Witterungen, die einem begegnen könnten.

Hat man Geburtstag, gratuliert sie einem mit dem Blick auf die möglichen Sterbedaten, unter besonderer Berücksichtigung der in Frage kommenden Lebensweisen, die sie vielschichtig ausmalt.

Soll sie einen Titel, eine Überschrift oder ein Thema formulieren, macht sie daraus einen Bandwurm nach dem Vorbild von barocken Romantiteln.

Unterhält man sich länger mit ihr, blickt sie einen durchdringend an. Wie eine gute Schachspielerin mutmaßt sie, was einem als Nächstes einfallen könnte. Dafür hält sie mindestens zehn Planspiele parat.

Plant man mit ihr eine gemeinsame Mahlzeit, ist man tagelang unterwegs, um die adäquaten Zutaten an adäquaten Orten zu adäquaten Preisen zu erstehen.

Berichtet man ihr von einem aussichtsreichen und leicht durchführbaren Projekt, lehnt sie sich zurück, zeigt ihr starkes Interesse und schmückt es lange aus, bis es sich in ein ganz anderes, kompliziertes Projekt verwandelt hat.

Resümiert man mit ihr einige ausführlich besprochene Einfälle oder Vorhaben der letzten Tage und Wochen, tut sie erstaunt, als hätte man von ihnen noch nicht lange genug gesprochen, sondern sie höchstens flüchtig erwähnt.

Fragt man sie nach einem möglichen Abschluss ihrer Arbeit, schüttelt sie den Kopf und erwidert, sich so etwas vorzustellen sei nicht gut, weil es einem den Lebensnerv raube.

Der Ungehobelte

Der Ungehobelte parkt seinen großen Wagen auf zwei Stellplätzen der Tiefgarage.

Ist er auf dem Markt unterwegs, ruft er Bekannten über weite Abstände laute Grußworte zu, um auf sich aufmerksam zu machen.

Lädt er seine Familie zum Essen ein, sitzt er am Kopf des Tisches und richtet sich sofort mit seinen Kommandos an die Bedienung.

Er bestellt nur große Flaschen, gleich mehrere mit Mineralwasser und eine Literflasche Wein, die in einem Eiskühler lauthals versenkt wird und die er im Auge behält, weil vor allem er selbst davon trinken darf.

Bei Tisch spricht er ununterbrochen und so aufdringlich, dass seine Stimme im ganzen Restaurant zu hören ist.

Verlässt er das Restaurant, zündet er sich noch auf der Treppe eine Zigarre an, deren Qualm er, auffällig und triumphal damit wedelnd, in der ganzen Umgebung verteilt.

Regnet es heftig, verschafft er sich Platz mit seinem Regenschirm, der gleich zwei Personen ein Dach bieten würde.

Beim Fahren auf der Autobahn entspannt er sich, indem er so viele Mitfahrer wie möglich überholt, wenn nötig auch rechts.

Begrüßt er einen Bekannten auf der Straße, umarmt er ihn theatralisch und schlägt ihm viele Male auf den Rücken.

Im Stadion nimmt er kurz vor Beginn des Fußballspiels seinen Logenplatz ein und schwadroniert mit den Sitznachbarn. Seine Söhne müssen ihn in regelmäßigen Abständen mit Bier und in der Halbzeit mit einer extra großen Bockwurst versorgen.

Läuft das Spiel, kommentiert er es mit harschen Zurufen an die Spieler, den Schiedsrichter und seine Nachbarn.

Im Urlaub fährt er ans Meer, mietet mehrere Liegestühle und lässt sich vom Strandrestaurant aus bedienen, dessen Mitarbeitern er gut sichtbar beachtliche Trinkgelder zusteckt.

Er schnäuzt häufig in sein Taschentuch, das er nach dem Schnäuzen prustend ausschüttelt, als wollte er die Bakterien großzügig in alle Richtungen verteilen.

Die Gutstrukturierte

Die Gutstrukturierte legt täglich mehrere To-do-Listen an und überprüft ihre Einhaltung gewissenhaft und regelmäßig.

Steht sie frühmorgens auf, hält sie sich penibel an die Morgengebote: Zähne putzen, Kurzgymnastik, Duschen, Frühstücken – jede Aktion von eigener Musik begleitet.

Verlässt sie das Haus, hat sie die genauen Abfahrtszeiten von Bus oder Bahn im Kopf.

Im Büro legt sie gleich eine Liste mit ihren Tagesaktivitäten an und notiert als Erstes die Telefonnummern der angedachten Gesprächspartner samt angedachter Dauer des jeweiligen Telefonats.

Ihre Kolleginnen und Kollegen verblüfft sie dadurch, dass sie auch deren Tagesabläufe stets im Blick behält. »Wie schaffst du das bloß?«, fragen sie alle paar Tage, und sie antwortet nur: »Ach, ich denke halt mit.«

Auch das Mittagessen in der Hauskantine hat sie nicht vergessen, sondern gleich nach Betreten ihres Büros als Erste das von ihr ausgewählte Tagesgericht telefonisch bestellt, damit es ihr auf jeden Fall am Mittag serviert wird.

Nach dem Mittagessen ist sie in ihren frisch gesäuberten Joggingschuhen eine Runde in der Umgebung des Arbeitsplatzes unterwegs. Während sie an vielen Läden vorbeikommt, merkt sie sich die Sonderangebote, auf die in den Aushängen hingewiesen wird.

Während der obligatorischen Konferenzen erreicht sie ihre Hochform. Freiwillig führt sie das Protokoll und schickt die schriftliche Fassung, die sie nach einer halben Stunde bereits fertiggestellt hat, gleich an alle, die teilgenommen haben.

Auf ihrem Arbeitstisch stehen Legionen von Stiften: Bleistifte aller Formate, gut gespitzt, Feinliner mit unterschiedlichen Minen, Füllfederhalter mit schwarzer, blauer, roter und grüner Tinte. Fragt man sie, wann sie das alles benutzt, antwortet sie: »Man weiß nie, ich bin jedenfalls vorbereitet.«

Sie mag Homeoffice nicht, weil eine perfekte Strukturierung der Tage eines aktiven, sichtbaren und direkt erreichbaren Umfelds verschiedenster Menschen bedarf. »Bin ich allein, brauche ich nichts zu strukturieren«, sagt sie vieldeutig.

Wird sie durch nicht vorhersehbare Ereignisse überrascht, gerät sie völlig durcheinander. »Ich nehme der Pandemie übel, dass sie sich nicht länger angekündigt hat«, sagt sie vorwurfsvoll, als hätte es die Pandemie vor allem auf sie und ihre Strukturierungskünste abgesehen.

Danach ist sie unter den Ersten, die sich einmal, zweimal, dreimal, viermal impfen lassen – und, um ganz sicher zu gehen, infiziert sie sich, um auch noch als genesen zu gelten.

Am liebsten hört sie Musik von Johann Sebastian Bach. Übermütig sagt sie manchmal: »Der war ein Bruder im Geiste, jedenfalls was *Die Kunst der Fuge* betrifft …«

Der Appetitor

Der Appetitor verlässt seine Wohnung nicht, ohne ausreichend Proviant mitzunehmen.

Ist er einige Schritte gegangen, macht er zum ersten Mal Halt und entnimmt seinem Rucksack zwei Brote, die er in seiner Küche präpariert hat.

Wenig später überfällt ihn in einem Bus des öffentlichen Nahverkehrs ein unerwartet großer Appetit, den die langsame Vorwärtsbewegung des Busses noch verstärkt.

Er widmet sich zwei weiteren Broten, pellt das gekochte Frühstücksei und entfernt seine Schale.

Kurz vor dem Aussteigen verzehrt er noch einen Apfel und lässt an der Haltestelle die Eierschalen und das Kerngehäuse in einen Papierkorb regnen.

Das Verschwinden der Essensreste stimmt ihn traurig, so dass er schon bald wieder in seinem Rucksack nachschaut, welche Speisen dort noch auf ihn warten.

Zwei Apfelsinen schält er im Gehen vorsichtig und nachdenklich, bevor er die Bibliothek betritt, in deren Lesesaal er arbeiten möchte.

An dem kleinen Arbeitstisch hält er es aber nicht lange aus, als er beobachten muss, wie reichlich sich andere mit Proviant eingedeckt haben. Einige haben Brotdosen oder Lunchboxen aus glänzendem Edelstahl dabei und öffnen sie auf den Gängen, wo die Kopierer tückisch vor sich hin schnurren, als wollten sie seinen Hunger erneut anwerfen oder ankurbeln.

Da er den mitgenommenen Proviant längst verzehrt hat, sucht er die Cafeteria der Bibliothek auf und bestellt zwei belegte Brote und einen Kaffee.

Den Kaffee trinkt er sofort, die Brote jedoch verstaut er in seinem Rucksack, wo sie sich schon bald melden, um ihn wieder nach draußen zu locken.

Nach dem Verlassen der Bibliothek sucht er einen Park auf, wo er sich in der Sonne den Genuss der beiden belegten Brote erlaubt.

Um seinem Appetit zumindest eine kleine Pause zu gönnen, streckt er sich auf der Parkbank aus und unterbricht die Essenszufuhr für eine Siesta.

Während er in einen kurzen Schlummer versinkt, erscheinen in seinen Traumbildern winzige Kuchenstücke. Sie tanzen Ballett und locken ihn in eine Konditorei ganz in der Nähe, wo er einige Kuchenstücke bestellt und sorgfältig einpacken lässt.

Als er seinen Weg fortsetzt, kann er ihren Rufen jedoch nicht lange widerstehen. Er setzt sich unter einen hohen Baum und sagt leise: »Es ist Zeit, endlich etwas Süßes zu essen.«

Wenig später spürt er die Anziehungskräfte der Teatime. Er sucht eine Teestube auf und trinkt eine große Tasse Earl Grey im Stehen.

»Schau an«, sagt er, »das Abendbrot wartet!« Er lässt sich noch ein wenig Zeit, bis er einen Imbissstand aufsucht. Eine Wurst mit Pommes frites oder einen Döner lässt er sich vor dem Stand auf einem Stehtisch servieren.

»Das war es für heute«, flüstert er schließlich entspannt und macht sich auf den Weg nach Hause, zurück in seine Wohnung, in der er noch nie etwas zu sich genommen hat.

Die Familienfürsprecherin

Die Familienfürsprecherin hat zwei Kinder, Tochter und Sohn, und jedes Mal, wenn man sie auf irgendein Thema anspricht, schafft sie es mühelos, dieses Thema mit dem Leben der Kinder zu verbinden.

Erzählt man vom Ausbau einer Ortsstraße, weiß sie zu berichten, dass genau in dieser Straße der Sohn im Kindesalter zum ersten Mal Dreirad gefahren ist.

Berichtet man von einem Spaziergang in Ortsnähe, fällt ihr sofort ein, dass sie dort für die beiden Kinder einmal Ostereier versteckt und gesucht hat.

Geht man mit ihr in die Ausstellung eines Museums, fotografiert sie einige Ausstellungstücke und schickt die Fotos an ihre Tochter, die in der Schulzeit über einen Künstler der Ausstellung ein Referat gehalten hat.

Die ganze Welt, einfach alles, was sie umgibt und was sichtbar, begeh- und erkennbar ist, scheint geheime Sender zu besitzen, die ausschließlich Erinnerungen an das Familienleben ausstrahlen.

Ihr Mann spielt dabei eine geringe Rolle und kommt (wenn

überhaupt) nur am Rande vor. Auch sie selbst erscheint in ihren Geschichten nicht an vorderster Stelle, sondern nur wie eine Regisseurin, die ihre Kinder hierhin und dorthin begleitet und mit ihnen dies und das unternommen hat.

Verwandte, die solche Erzählungen immer wieder zu hören bekommen, drängen sie, ihre Erinnerungen aufzuschreiben. Sie verbinden damit die Hoffnung, in Zukunft abwechslungsreichere Gespräche mit ihr führen und das Kinderleben ausblenden zu können.

Sie hat sich auch vorgenommen, vieles Erinnerte festzuhalten, doch wenn sie den Stift in die Hand nimmt, lockern und lösen sich die Erinnerungen wie schwere Brocken in ihrem Gehirn und stoßen eine Flut von Themen an, die ihr vorher noch nie in den Sinn gekommen sind. Im Grunde hat sie unendlich viel zu erzählen, viel mehr als nur ein oder zwei Leben.

Im Anfang waren Tochter und Sohn, so beginnt ihre Bibel. Bisher schreibt sie noch am Alten Testament, das Neue wird sie angehen, sobald beide Kinder verheiratet sind.

Der Hedomat

Der Hedomat hat immer das nächste, kleine Vergnügen im Auge, auf das er sich über die Maßen freut.

Der Gedanke an ein solches Vergnügen lässt ihn alle Beschwerden und Probleme für eine Weile vergessen.

Verlässt er das Haus, denkt er an die Tasse Kaffee, die er als Nächstes in einem Café langsam und mit Genuss trinken wird.

Hat er den Kaffee getrunken, freut er sich auf die neuste Tageszeitung, die er von einem Zeitungsständer pflückt und unter dem Arm spazieren trägt.

Ist das Wetter trüb, bleibt er unterwegs lange vor den Angeboten der Fernreisen im Schaufenster eines Tourismusbüros stehen, um sich in die sonnigen Bilder zu vertiefen. »Ach, wie schön!«, flüstert er, »bald werde auch ich dort sein.«

Jede halbe Stunde schaut er auf seinem Schrittzähler nach, wie viele Schritte er zurückgelegt hat. »Gar nicht so schlecht«, sagt er jedes Mal, »ich habe mich schon wieder selbst übertroffen.«

Begegnet er einem Bekannten, erzählt er ihm ausführlich von seinen kleinen Freuden. »Stell dir vor«, sagt er, »gestern hat mir die Blumenverkäuferin auf dem Markt einen Strauß Mimosen für meine Frau geschenkt.« Oder: »Was für ein schöner Tag! Heute Morgen hat mir der Postbote ein dickes Päckchen mit Gratiswerbung überreicht!« Oder: »Ich weiß gar nicht, wie ich mein Glück einordnen soll. Warum erhalte ausgerechnet ich jedes Jahr einen Betrag gezahlter Steuern zurück, obwohl ich doch genauso viel ausgegeben habe wie im Jahr davor?«

Die Lieblingslektüre des Hedomaten ist Jean Pauls Erzählung vom Leben des vergnügten Schulmeisterlein Maria Wutz in Auenthal. Wenn man ihn darauf anspricht, sagt er: »Kein Leben und Sterben war je so sanft und meerstille! Seine Epochen waren das Schwanken einer Lilie …«

Feiert er Geburtstag, genießt er ihn in Form langer Rückblenden auf Geburtstage der letzten Jahre. »In diesem Jahr ist es freilich am schönsten«, sagt er zu den geladenen Gästen, »denn mit jedem weiteren Jahr wächst die Freude an einem erfüllten Leben.«

Erkrankt er, legt er sich gleich bereitwillig ins Bett. »Wie schön, endlich wieder einmal mehr Zeit für sich selbst und Gedanken an die Zukunft zu haben«, sagt er und träumt sich in langen Träumen ins hellere Jenseits.

Der Codaist

Der Codaist trennt sich an jedem Abend etwas bereitwilliger von der Büroarbeit, mit der er den Tag und viele Jahrzehnte verbracht hat.

Er schaut auf die Uhr, zieht die Schubladen des Schreibtischs heraus und fährt mit der rechten Hand flüchtig über die halbleeren Regale.

Wieder gilt es Abschied zu nehmen, jeden Tag ein wenig mehr, bis der Freedom Day endlich erreicht ist.

Er steht auf, nimmt den Mantel aus dem Schrank und greift nach der Aktentasche, dann öffnet er die Tür, zieht sie leise hinter sich zu und geht den Gang noch einmal entlang.

Einige Kollegen schauen ihm hinterher, kommentieren seine Abgänge aber schon lange nicht mehr.

Hier und da ruft ihm jemand etwas zu und macht einen Scherz, den er längst kennt. Er nickt und lächelt, als hätte er ihn gerade zum ersten Mal gehört.

Im Grunde hat er nichts mehr zu sagen. In all den Jahrzehnten, in denen er in den nie renovierten Räumen gearbeitet hat, ist seine Lust auf Unterhaltungen immer geringer geworden.

Er weiß, dass ihm die anderen Mitarbeiter seinen baldigen Abgang ansehen. Der neue Kollege, der sich schon vorgestellt hat und bald in seinem Büro sitzen wird, ist bereits von allen Seiten kontaktiert worden. Es hieß, dass man mit ihm »große Hoffnungen für die Zukunft« verbinde, als habe man genau diese Hoffnungen im Blick auf ihn, den Codaisten, schon seit langem begraben.

Wird man ihm ein paar Blumen oder eine Flasche Wein zum Abschied schenken? Fast geräuschlos erreicht er das Foyer. »Einen schönen Abend«, ruft ihm die nette Frau in der Portiersloge nach. Er lächelt wieder kurz und antwortet, was er jeden Abend antwortet: »Danke, dito!«

Endlich steht er draußen auf der Straße, vor dem mächtigen Gebäude, das er bald nicht mehr betreten wird. Er atmet durch und macht einige Schritte.

Als er um die Ecke biegt, beginnt er plötzlich zu pfeifen. Dann hört man ihn lauthals lachen, unvermutet und beinahe kindisch. Das Bürotheater ist bald vorbei, und er hat andere, packendere Rollen im Auge.

Die Monologistin

Die Monologistin stürzt sich auf jedes Thema, das in einer Unterhaltung zur Sprache kommt.

Zu allem fällt ihr etwas ein. Sie erinnert sich daran, was andere darüber gesagt haben und was die Medien darüber berichten, und sie erwägt, welche Wendung die öffentlichen Debatten dem Thema bald geben werden.

Hat sie genug Material abgerufen und zusammengerührt, beginnt sie ihren Monolog: »Also – …«

Der Monolog bricht wie ein unaufhaltsamer Strudel aus ihr heraus, schießt über Klippen und Hindernisse, durchbricht Schleusen und tobt sich so lange aus, bis die Atemluft knapp wird. Dann sagt sie: »Jedenfalls – …«

Sie ist der rhetorische Mittelpunkt jeder Unterhaltung und jedes Treffens mit Freundinnen und Freunden. Macht sie eine Pause, sichtet sie kurz noch einmal die neusten Themen auf ihrem Smartphone, streicht liebevoll über das Display, rührt ein letztes Mal im Kaffee und legt das Smartphone auf ihr rechtes Knie.

Beim Sprechen beugt sie sich nach vorn und wird immer

wacher und präsenter. Die Wortkaskaden schütteln ihren Körper durch, manchmal ist die Gewalt der Sprache sogar so stark, dass sie mit einer Hand den Hals entlang gleitet, als wollte sie die Gurgel fest zu packen bekommen.

Jenen Freundinnen, die ihre Monologe bewundern, entgegnet sie betont locker, dass sie nichts Besonderes seien. Allen, die sie auffordern, ihre Gedanken aufzuschreiben, antwortet sie genervt: »Schreiben ist nichts für mich. Schreiben ist etwas für Stubenhocker.«

Löst eine Runde mit Bekannten sich auf und geht sie für eine Weile allein durch die Stadt, legt sie sofort wieder los, bringt die Kopfhörer in Stellung und monologisiert weiter für Zuhörer in der Ferne.

Dann zieht sie bis zum nächsten Treffen durch die Straßen, lässt sich durch Läden und Geschäfte am Wegrand inspirieren und flicht lauter Details in ihre Monologe, die ihr zufällig rechts und links aufgefallen sind.

Baut sie ein Detail in ihren Monolog ein, macht sie eine kurze Pause, leitet die Unterbrechung mit einem »übrigens« ein und sagt dann: »Übrigens ist die Kirschmarmelade im Patacca jetzt wieder zu haben.«

Die Monologe streifen wie Regenschauer durch ihr Gehirn. Manchmal lässt sie es blitzen, dann staunt sie darüber, was sie gerade gesagt hat. Sie ermüdet nie, weil sie alles sofort wieder vergisst und sich von Monolog zu Monolog unablässig neu orientiert.

Bösen Zungen, die ihr vorhalten, man müsse den Sarg

nach ihrem Tod fest verschließen, damit sie nicht weitersprechen, antwortet sie scharf: »Das hätte ich gerade von dir nicht erwartet ...«

Der Chronist

Der Chronist liebt das Dokumentieren der Stunden, Tage und Wochen. Was er an Dokumenten in die Finger bekommt, wertet er aus.

Artikel und Fotografien entnimmt er allen erreichbaren Zeitungen und Zeitschriften und klebt sie in seine Chroniken. Seine eigenen Texte erscheinen in den Nischen als kleine Kommentare, die sich mit dem eingeklebten Material kurz unterhalten: »Sieh mal an, dir Luftikus ist auch einmal etwas eingefallen …«

Surft er im Netz, dokumentiert er die Texte, die er aufgespießt hat und druckt all jene aus, die ihn mehr als andere erregt haben. Sie kommen in Mappen, die nach Themen geordnet sind: »Blumen«, »Feiertage«, »Sport« …

Frühmorgens durchblättert er seine Chronikseiten der letzten Tage, als kostete er bereits angetan von der Nahrung, die er bis zum Abend futtern wird.

Tagebuchschreiben verachtet er. »Nicht ich bin die Hauptperson«, sagt er lächelnd, »sondern die Zeit. Sie will ich zu fassen bekommen, in allen Varianten. Ich selbst bin unwichtig und leider sehr langweilig.«

Als Chronist der Jetztzeit lebt er mit dem Rhythmus der Nachrichten. Oft schaut er auf die Uhr und notiert kurz eine Meldung: »16.05 Uhr. Nachrichten in WDR 2. Die Goldpreise steigen wieder.«

Über das Gehörte und Gesehene denkt er nicht lange nach. »Fürs Nachdenken habe ich einfach zu wenig Zeit«, sagt er und jagt weiter den neusten Meldungen und Themen hinterher.

Um von ihnen nicht erdrückt oder überwältigt zu werden, legt er kleine Phasen des Verweilens ein. Er setzt sich auf eine Parkbank, schließt die Augen, spürt den Wind und sagt: »Auch das Wetter hat seine Seiten …«

Manchmal sucht er nach einer Metapher für sein Tun. Dann erinnert er sich daran, wie er als kleiner Junge den ersten Betonmischer gesehen hat. Als der sich laufend auf der Stelle drehte, kam ihm ein Gedanke: »Genau so möchte ich alles verarbeiten, feingemischt, zu grauem Beton …«

Seine liebste Begleitung besteht aus anderen Chronisten. Auch ihre Geschichten sammelt er und klebt sie in seine Chroniken. Tagesschausprecherinnen, Reporter und überhaupt all jene Menschen, die von der Magie der Fakten leben und von ihnen gezeichnet sind, verehrt er besonders.

An einer Wand seines Wohnzimmers hängen ihre Fotografien. Das Foto von Karl-Heinz Köpcke mag er am meisten: »Der wusste Bescheid.«

Die Überdiplomatische

Die Überdiplomatische hört sich immer nach allen Seiten um und fängt so viele Meinungen anderer ein wie nur irgend möglich.

Wird sie mit einer Aktion beauftragt, überlegt sie vorher Stück für Stück, wie die anderen sie ausführen würden und wie sie ihre Ausführung wohl kommentieren werden.

Sie ist so vorsichtig, dass sie es nicht einmal wagt, laut oder schnell aufzutreten. Behutsam schleicht sie durch die Flure und Räume und speichert alles, was ihr auffällt.

Weiß sie nicht genau, wie sie sich in bestimmten Situationen verhalten soll, konsultiert sie ihren privaten Knigge, den sie nach dem Vorbild von Ratgeberbüchern im Kopf konzipiert hat.

Bittet man sie um eine klare Stellungnahme, lehnt sie sich langsam zurück und schildert den zu beurteilenden Fall von möglichst vielen Seiten. Für jede dieser Seiten nennt sie eine in Frage kommende Lösung, ohne sich aber auf eine festzulegen.

Die Zeit ist für sie etwas Weiches, nicht Fassbares: Alles

könnte so und jederzeit anders, ja sogar ganz anders sein. Darauf ist sie gefasst und lässt sich nichts anmerken, wenn eine überraschende, unerwartete Wendung der Dinge eintritt: »Man muss einfach mit allem rechnen ...«

Ist sie mit einem Freundeskreis unterwegs, wählt sie beim abendlichen gemeinsamen Essen einen Platz, von dem aus sie den ganzen Kreis beobachten und alle Reaktionen überprüfen kann.

Die Präsenz vieler anderer Menschen strengt sie an und hinterlässt Kopfschmerzen und manchmal sogar eine schwere Migräne. Sie lässt sich aber nicht krankschreiben, sondern nimmt Urlaub. Niemand soll auf den Verdacht kommen, dass sie mit einer Schwäche zu kämpfen hat.

Sie benutzt niemals den Superlativ, sondern macht über die Leistungen anderer höchstens anerkennende Bemerkungen. Aber auch die bettet sie in Watte: »XY war schon immer eine Frohnatur, das kommt ihm zugute, wenn es kleine Probleme gibt.«

Lädt sie ihre Freundinnen zum Tee, hat sie viele Sorten parat, die sie vorstellt, als wären es Hausangestellte mit bestimmten Manieren. Sie selbst trinkt aber keinen Tee, die gewählte Sorte könnte zu viel über ihr Leben verraten: »Heute trinke ich mal stilles Wasser, das macht den Kopf frei.«

Der Stoiker

Der Stoiker behält die Ruhe sogar in Extremsituationen und beschwichtigt alle, die sich aufregen: »Ganz langsam, eins nach dem andern …«

Schauen ihn die anderen entgeistert an, macht er gelassen weiter: »Gehen wir der Sache mal auf den Grund …«

Steht er in einem langen Stau, sagt er zu den Mitreisenden: »Das ist ganz normal, es sollte uns nicht weiter beschäftigen …«

Nimmt ihm ein Auto auf einer Kreuzung die Vorfahrt und donnert in die Flanke seines Wagens, steigt er langsam aus und begegnet dem anderen Verkehrsteilnehmer entgegenkommend: »Wir sollten uns erst einmal kennenlernen. Mein Name ist, von Beruf bin ich …«

Ist er mit Freunden auf einer langen Wanderung, ermuntert er sie: »Ich weiß, ihr habt Durst, und wir haben nichts mehr zu trinken dabei. An der nächsten Getränkestelle gebe ich einen aus …«

Treibt er mit anderen Sport, hält er sich bei Wettbewerben bewusst zurück und spricht hinterher mit den Siegern: »Fabelhaft, wie ihr das macht! Ihr habt euch wirklich enorm verbessert …«

Plant man mit ihm ein Projekt, versteckt er sich zunächst: »Ich helfe gern überall aus, wo ich gebraucht werde …«

Herrscht man ihn an, seine Fähigkeiten nicht laufend unter den Scheffel zu stellen, entgegnet er lächelnd: »Irgendwann komme ich noch einmal groß raus. Wenn es keiner erwartet und ich erst recht nicht. Versprochen!«

Meldet man sich bei ihm krank, ist er, sobald es geht, zur Stelle: »Auf der Fahrt hierher habe ich die möglichen Krankheitsverläufe im Netz genau recherchiert. Medikamente habe ich schon dabei …«

Macht man sich über ihn lustig, lacht er lange und laut: »Ihr tut so, als ob ich ein Volltrottel wäre! So weit bin ich noch nicht …«

In feierlichen Momenten wird er nachdenklich und sentimental, ohne es zu zeigen oder darüber zu sprechen. »GOTT ist groß«, denkt er für sich und erschrickt über seine Gedanken: »Vielleicht ist er so als Wort einfach zu groß, so dass man keine Chancen mehr hat.«

Einmal hätte er sich fast verliebt. »So weit kommt es noch«, flüstert er, »die Rolle liegt mir nicht …«

Die Ausredenvirtuosin

Die Ausredenvirtuosin hat während einer Unterhaltung immer mehrere Ausreden parat, mit denen sie in Windeseile das Thema wechselt.

Spricht man sie darauf an, warum sie gestern nicht wie vereinbart in einem nahen Café erschienen ist, antwortet sie: »Gestern hat die Teestube in der Nordstadt eröffnet, da musste ich unbedingt hin. Es gibt dort die neue Teeernte aus Sri Lanka.«

Hat man Geburtstag, gratuliert sie als eine der Ersten: »Herzlichen Glückwunsch! Mein Geschenk steckt leider fest, der Zoll hat es beschlagnahmt.«

Arbeitet man mit ihr und anderen Bekannten zusammen an einem Projekt, stellt sie die Mitarbeit schon bald ein. Spricht man sie darauf an, sagt sie: »Ach, ich hatte ganz vergessen, dass ich in diesem Jahr zur Apfelernte nach Südtirol muss.«

Manchmal hüpft sie so schnell von Ausrede zu Ausrede, dass man vermutet, sie möchte sich am liebsten dem ganzen Treiben der Welt für immer entziehen.

Lässt sie sich zum Beispiel eine aufgegebene Bestellung verspätet in einem Laden zeigen, entschuldigt sie sich: »Meine Kreditkarte ist abgelaufen, und ich möchte keine neue bei der früheren Bank. Ich komme wieder, wenn ich geklärt habe, welche ich in der Zukunft brauche. Vielleicht überhaupt keine mehr.«

Sie trainiert ihr Virtuosentum, indem sie Autorennen in einem Simulator fährt. So lernt sie das rasche Ausweichen und Abbiegen sowie eine Beschleunigung, die etwas Schwindelerregendes hat.

»Wenn ich dir zuhöre, macht es in meinem Kopf laufend Klick!«, sagte sie lächelnd, »ich kann nichts dagegen tun, meine Fantasien stehen Schlange und wollen alle abgeholt werden.«

Geht man mit ihr einkaufen, hat sie immer einige Waren vom letzten Einkauf dabei, die sie zunächst zurückgeben möchte: »Ich hänge nicht an den Dingen«, sagt sie, »und ich finde, das sollte ich auch beweisen.«

Erzählt sie von ihren Vorlieben für die japanische Küche und lädt man sie daraufhin in ein japanisches Restaurant ein, trinkt sie dort nur einen Tee. »Neulich habe ich mir an Tempura den Magen verdorben«, sagt sie – und wenn man sie fragt, in welchem Restaurant, antwortet sie rasch: »Wenn ich das bloß noch wüsste, mag sein in Düsseldorf.«

Der Selbstlober

Der Selbstlober lässt keine Gelegenheit aus, sich selbst ausreichend zu loben und seine Omnipräsenz zu beweisen.

Wird in einer Unterhaltung ein bestimmtes Thema erwähnt, ist er sofort mit sich selbst und seinem Bezug zu diesem Thema zur Stelle: »Dazu habe ich hier … oder dort … viel Gutes gesagt!«

Geht man mit ihm spazieren, hören die Verweise auf seine Künste und Tätigkeiten überhaupt nicht mehr auf. Atmet man erschöpft einmal tief durch, reagiert er gelassen: »Okay, ich weiß, ich überziehe etwas. Aber habe ich nicht wirklich …?«

Hält man ihm genervt vor, dass er zu viel um sich selbst kreise, behauptet er, das noch gar nicht bemerkt zu haben. Gibt man nicht nach, sagt er: »Das hörst nur du aus unseren Gesprächen heraus, niemand sonst. Die anderen hören mir sehr gerne zu!«

Tritt er irgendwo öffentlich auf und hält einen Vortrag, tut er danach sehr bescheiden: »Das war nicht übel – oder was meint ihr?«

Erkennen andere Menschen seine herausragenden Fähigkeiten nicht sofort, geht er in die Offensive: »Dass in meinem Fall vieles ganz einzigartig ist, müssen doch alle schon auf den ersten Blick begreifen. Ich meinerseits begreife die Ahnungslosigkeit der anderen nicht.«

Selbst bei den scheinbar harmlosesten Ereignissen des Alltags schafft er es mühelos, seine Perspektiven ins Spiel zu bringen: »Über Broccoli habe ich schon als Kind viel nachgedacht. Die Struktur erinnert mich an Gemälde von Dalí, darüber habe ich einen Essay geschrieben, den man lesen sollte.«

Die Teilnahme an großen Diskussionsrunden lehnt er ab: »Nein, das ist nichts für mich. Dort erhält mein Denken zu wenig Zeit und Raum.«

Hat er eine Weile keine Auszeichnung erhalten, kann man ihn kaum beruhigen: »Den Preis der Stadt X hätte ich auf jeden Fall eher verdient als Y, der mit X rein gar nichts zu tun hat. Ich dagegen …«

Erwischt man ihn in einem seltenen Moment tiefer Selbstzweifel, gibt er auf, nicht ohne weiter bei sich selbst und damit bei seinem Lieblingsthema zu bleiben: »Ich weiß …, was ich geleistet habe, ist nicht der Rede wert. Eigentlich ist es nur ein überflüssiger Klacks am Firmament. Bald werde ich ihn endgültig löschen und alles der Vergessenheit anheimgeben.«

Die Schönfärberin

Die Schönfärberin lebt in einer phantastischen Welt, zu der nur sie selbst Zugang hat.

Was auch immer geschieht, empfindet sie als einen Beitrag zur besten aller möglichen Welten.

Ihre Kinder haben die passendsten Berufe und das perfekte Aussehen, außerdem leben sie in einem idealen Ambiente.

Spricht sie von ihren Enkelinnen und Enkeln, steigert sie ihr Schwärmen noch um einige Grade. Hat man je solch kluge, gewitzte und kreative Wesen im Kindesalter gesehen?

Plant sie Ereignisse in der Zukunft, orientiert sie sich nicht an den Fakten, sondern an den Geschichten und Legenden, die über Orte und Menschen im Umlauf sind: »Diesmal fahren wir in das wunderschöne alte Weimar des Geheimrats Goethe und besuchen seinen Garten, in dem er mit den Vögeln parliert und Gedichte geschrieben hat!«

Verfolgt man ihre Gespräche und Reden genauer, erkennt man bald, dass sie es nicht so genau nimmt. In Wahrheit besteht ihre Welt aus Geschichten, die sie erlebt haben könnte oder gerne erleben würde.

Wie sie die Welt bisher wirklich erlebt hat, wüsste sie nicht zu sagen. Ihre Erlebnisse scheinen hinter den Schleiern der Phantastik verborgen, die nur um den Preis schwerster Schocks kurzfristig verfliegen.

Auch solche Schocks hat sie jedoch überstanden und lässt sich nichts anmerken. Spricht man sie auf ein schlimmes Erlebnis an, dreht sie den Kopf beiseite und wendet sich der Natur zu: »In der Natur habe ich immer eine Zuflucht und Freundin gefunden. Immer. Jederzeit.«

In Gesellschaft ist sie eine bekannte Tonangeberin. Zu fast jedem Thema weiß sie Besonderes und Köstliches aus ihrem Leben zu erzählen. Dabei lässt sie sich so viel Zeit, dass sie nicht bemerkt, wenn die anderen nicht mehr zuhören und sich in ihr eigenes Traumleben flüchten.

Das Böse in der Welt ist nicht wirklich böse, sondern eine Unart, die man denen, die Böses tun, auch austreiben könnte. Fragt man sie, wie sie das jeweils bewerkstelligen würde, lächelt sie geduldig: »Ich würde sie nach Hause zu einem Essen einladen und ihnen meinen Garten zeigen.«

Sie sucht unbedingte Anerkennung, jederzeit, überall, von so vielen Menschen wie möglich. Sie sollen mit in ihrem Reich leben und Geschichten kreieren, die vom Guten, Schönen und Wahren handeln und in stillen Stunden im privaten Kreis unter guten Freunden von ihr »zu Gehör« gebracht werden.

Der Nestbewohner

Der Nestbewohner bereitet sich alle paar Jahre auf den nächsten Umzug vor. Zunächst legt er Listen mit seinen Möbeln, Kleidungsstücken, Küchengeräten und Büchern an und stellt, was er loswerden will, ins Netz. Das meiste davon verkauft er, einiges wird auch verschenkt.

Er wechselt nicht nur von einer Wohnung in eine andere, sondern denkt immer auch daran, wie er dem neuen Nest einen Charakter verleihen könnte, der auf die nachbarliche Umgebung abgestimmt ist.

Daher erforscht er deren Besonderheiten zunächst akribisch. Welche Geschäfte, Kneipen und Treffpunkte gibt es, wo wird er Anschluss und Kontakte finden?

Er sammelt Plakate, Aufkleber, Prospekte und allerhand sonstigen Krimskrams, den er in den nahen Läden entdeckt und ganz nebenbei oder heimlich mitnimmt.

Solche Mitbringsel wandern Stück für Stück in sein Nest, zieren die Wände, schmiegen sich an bestimmte Möbel oder baumeln wie Trophäen von der Decke.

Küche und Toilette sind voll davon und bis in die letzte Ritze mit seinen Sammlungen besetzt.

In diesen Umgebungen hockt er am liebsten, umnebelt von Musik, die er auf der Straße im Vorübergehen gehört und aufgenommen hat.

So brütet er viele Wochen und Monate, dann erst traut er sich, die Fenster weit zu öffnen und seiner Sammlung größere Freiheiten zu gewähren.

Einige Blätter Papier rieseln daraufhin in die Tiefe, und die bisher nur heimlich gehörte Musik zieht in die Wipfel der Straßenbäume ein, schüttelt sie und lässt ihre Blätter erblassen.

Nach einem Jahr steht er, befreit und mutig geworden, auf seinem kleinen Balkon und mustert die Umgebung von oben.

Er drückt ihr jetzt seinen Stempel auf, denn er ist angekommen und beginnt zu leben, bis er sein mühsam erbautes Nest wieder abstoßen und das nächstbessere ins Visier nehmen wird: in einiger Entfernung, in noch unerforschtem, fremdem Terrain.

Die Anprobiererin

Die Anprobiererin informiert sich täglich im Netz über die neusten Trends und Angebote der Mode.

Ist sie in der Stadt unterwegs, besucht sie ein Geschäft nach dem anderen und probiert an, was ihr im Netz gefallen hat: Mäntel, Kleider, Hosen, Schuhe, einfach alles.

Sagt ihr ein Kleidungsstück zu, zieht sie es an und macht ein Foto, das sie mehrmals prüft und später kommentarlos an ausgewählte Freundinnen schickt. Gekauft wird das Kleidungsstück eher selten.

Drängen ihre Freundinnen sie, wegen ihres guten Geschmacks auch als Influencerin tätig zu werden, antwortet sie: »Niemals! Meine Bilder gehören nur mir, sie sind Teil meiner ganz privaten Performance!«

Ihre Auftritte in der Öffentlichkeit bereitet sie gewissenhaft vor. Während eines Besuchs im Museum trägt sie ein Kleid, das auch auf einem ausgestellten Bild zu sehen ist. Während eines Konzertbesuchs trägt sie dunkle Anzüge, wie sie auch die vortragende Pianistin gerne trägt. Und während einer Radtour mit Freundinnen am Rhein trägt sie bunte Kleider, die sie auf Gemälden impressionistischer Maler entdeckt hat.

Sie liebt Partys und Feste. Vorher überlegt sie genau, wie sie auftreten könnte. Die Kleidung für einen Abend oder eine Nacht bezieht sie nach ausführlichem Anprobieren von einem Kleiderverleih und begeistert die Festgesellschaft damit oft so sehr, dass fast alle von ihr ein Foto machen wollen. Die Ergebnisse lässt sie sich schicken, sie werden in einem eigenen Ordner gespeichert, als, wie sie sagt, »Krönungsfeste im Kleinen«.

Sie ist nie mit einem Mann, sondern höchstens mit einer guten Freundin unterwegs. Spricht man sie darauf an, antwortet sie: »Männer sind nur als Modeschöpfer akzeptabel – aber auch dann nur als ferne Begleitung.«

Einmal wäre sie sich fast untreu geworden. Während der Hochzeitsfeier einer Freundin verliebte sie sich derart in den Smoking des Bräutigams, dass sie beiden, Smoking und Mann, ein Heiratsangebot machte. Später kommentierte sie den seltenen Vorgang so: »Es war die Bauchbinde, ich habe mich in die fabelhaft sitzende Bauchbinde verguckt ...«

Fragt man sie nach ihrem Lieblingskostüm, antwortet sie: »Ganz einfach: Weiße Schminke für das Gesicht, dunkelroter Lippenstift, ein weißes Pierrot-Kostüm mit großem, weißem Kragen. Tag und Nacht tragbar, ein Gedicht!«

Der Neutrale

Der Neutrale kann sich nicht für eine von zwei Parteien entscheiden. Verfolgt er mit Freunden ein Fußballspiel, beklatscht er die Tore beider Mannschaften mit demselben Elan und macht sich dadurch nicht wenige Feinde.

Fragt man ihn, ob er nicht doch einen Favoriten habe, antwortet er: »Der Bessere soll gewinnen.«

Er mag Sportübertragungen im Fernsehen, die er meist allein verfolgt, um sich nicht auf bestimmte Sportlerinnen und Sportler festlegen zu müssen. »Ich gönne jeder oder jedem den Sieg«, sagt er lächelnd, »Dabeisein ist sowieso am schönsten.«

Nahm er als Jugendlicher an einem sportlichen Wettkampf teil, versuchte er, mit einem anderen Jugendlichen zeitgleich ins Ziel zu kommen. »Zu zweit zu siegen, bedeutet wahre Größe«, sagte er danach und ließ sich zusammen mit dem Konkurrenten in gemeinsamer Umarmung fotografieren.

Besucht er mit einer Gruppe von Bekannten ein Museum, gerät er in große Verlegenheit, wenn man ihn nach seinem

Lieblingsbild fragt: »Ich liebe eigentlich alle Bilder«, antwortet er, »ein einziges hervorzuheben, käme mir herabsetzend gegenüber den anderen vor.«

Soll er im Restaurant eine Mahlzeit bestellen, wartet er, bis die anderen vor ihm bestellt haben. Danach lässt er es bei der Bestellung von Mineralwasser bewenden. »Ich fühle mich nicht ganz wohl«, sagt er und trinkt, während die anderen essen, ein einziges Glas langsam leer.

Begleitet ihn seine Frau beim Kleidungskauf, besteht er darauf, nur graue Hosen oder Anzüge anzuprobieren. »Die stehen mir am besten«, sagt er, kauft dann aber nur einen einzigen, grauen Schal. »Der passt einfach zu allem und jedem«, beschließt er den Einkauf.

Fährt er mit seiner Familie in Urlaub, sind alle zusammen oft tagelang auf Hotelsuche. Übernachtet man in einem bestimmten Hotel, schwärmt er von einem anderen, dessen Besitzer man nicht durch Fernbleiben enttäuschen dürfe. Übernachtet man wiederum dort, wünscht sich der Neutrale wieder zurück ins gerade verlassene Hotel, das angeblich auch seine Meriten habe. Schließlich übernachten alle auf dem Campingplatz, in einem Zelt.

Verliebt er sich, geht er zu einer Psychotherapeutin und unterhält sich mit ihr darüber, wie sie ihm das Verliebtsein wieder austreiben könne. »Sich zu verlieben, ist einfach ungerecht gegenüber den anderen, in die man sich nicht verliebt«, sagt er und kommt sich wie ein großer Theoretiker der Liebe vor.

Der Sportfetischist

Schon als Kind suchte der Sportfetischist den Sport überall. Er lief mit anderen Kindern um die Wette, warf Steine weiter als sie, war ihnen auch beim Schwimmen voraus und kletterte auf Bäumen immer am höchsten.

Alle nur möglichen Bewegungen verwandelte er in Sport und erfand Wettbewerbe, in deren Verlauf man sich messen konnte. *Citius, altius, fortius* (schneller, höher, stärker) war nicht nur ein Motto der Olympischen Spiele, sondern auch die Devise, der sich der Sportfetischist mit Haut und Haar verschrieben hatte.

Waren gerade mal keine Konkurrenten zur Stelle, trat er gegen sich selbst an. Er gab sich mehrere Namen und startete einfach drauflos, mal recht geschickt, mal unbeholfen und gebremst.

Während er aktiv unterwegs ist, kommentiert er seinen Sport wie ein Reporter, der aus jedem Wettbewerb eine spannende Geschichte macht.

»Peter K. leidet noch unter Prellungen am Fuß«, sagt er und schaut nach, ob er etwas in der Art einer Prellung an seinem rechten Fuß entdecken kann. »Jürgen F. konnte in den letzten Wochen wegen einer starken Grippe nur wenig trainieren«, flüstert er und schnupft in ein Taschentuch, bevor er Jürgen F. auf eine Laufbahn schickt.

Anregungen erhält er durch Sportsendungen im Fernsehen, von denen er kaum eine auslässt. Beinahe jede animiert ihn, es den Athleten nachzutun, nur bei riskanteren Sportarten passt er. Turmspringen kommt nicht in Frage, Boxen auch nicht, einige Turnsportarten vernachlässigt er, weil er nicht die passenden Turngeräte auftreiben kann.

Unter den Sportlern, die er bei ihren Wettbewerben verfolgt, hat er jedes Mal einen Favoriten. Er informiert sich über dessen Lebenslauf und weiß genau, wo und wann er mit welchen Trainern und in welchen Vereinen sein Talent entdeckt hat.

Solche Informationen baut er in seine Kommentare ein und spielt bestimmte Wettbewerbsphasen, die er im Fernsehen verfolgt hat, noch einmal nach. Dann ist er selbst Rafael Nadal und gewinnt ein Match beinahe mühelos, das Nadal kurz zuvor noch verloren hat. Oder er ist Thomas Müller und schießt in einer wichtigen Partie das entscheidende Tor, das Thomas Müller nicht geschossen hat.

Der Sportfetischist hat fest vor, irgendwann ein Buch über sein Sportlerdasein zu schreiben. Einen Titel hat er schon: »Mein Goldmedaillen-Leben«.

Die Moderatorin

Die Moderatorin moderiert von früh bis spät die Kreise und Gruppen ihrer Freundinnen, die sie schon ein halbes Leben lang kennt und mit denen sie sich abwechselnd trifft.

Sie duldet keine Überschneidungen, sondern legt großen Wert darauf, immer in anderer Gesellschaft unterwegs zu sein.

So ergeben sich laufend neue Konstellationen unterschiedlicher Meinungen zu den Problemen des Lebens, die sie dann sorgfältig miteinander vergleicht.

Die Gespräche zu viert oder fünft kreisen jeweils um ein Thema, das sie klug lanciert, nachdem sie es aus dem Nachrichtenbestand des Vormittags herausdestilliert hat.

Um gewappnet zu sein und als Moderatorin zu bestehen, hat sie sich zur Vorbereitung Notizen gemacht. Über das Für und Wider einer Meinung, über die Hintergründe und darüber, wie Personen des öffentlichen Lebens sich zu dem fraglichen Thema geäußert haben.

Solche Stellungnahmen und Debattenbeiträge spitzt sie mit einem Vokabular zu, das sie den Talkshows von Maybritt Illner und Anne Will entnommen hat.

Tritt sie im Anne Will-Style auf, schlägt sie ein Bein über das andere, wippt mit der Fußspitze und klimpert mit den Fingern leicht ungeduldig auf der Armlehne ihres Stuhls.

Kopiert sie Maybritt Illner, geht sie vorher zum Friseur, lässt die Haare kurz durchföhnen und übt versonnene, selbstverliebte Spiegelblicke, von deren Anblick sie sich selbst nur schwer lösen kann.

Um ihrer Stimme möglichst viele Nuancen zu geben, nimmt sie Gesangsunterricht und geht einmal die Woche in einen Chor, wo sie ihre Altstimme einbringt und die Bewegungen der jungen Dirigentin studiert, deren Rolle sie gerne übernehmen würde.

Die Moderationen beruhigen sie. Auch wenn nie etwas dabei herauskommt und nichts sich endgültig klären lässt, entsteht doch ein Gefühl befriedigenden Treibens im Fischteich der Meinungen. Kein Abtauchen, sondern ein Gleiten und Laichen, das die Illusion beschert, eine Fruchtfarbe angenommen zu haben.

Männer sind in ihren Runden nicht zugelassen. Mit denen, die sie schätzt, geht sie lieber kegeln und verblüfft mit ihren rasanten Würfen, die nicht selten alle aufgestellten Kegel abräumen.

Näher kommt sie Männern jedoch nicht, die Kastrationsmethoden von Markus Lanz machen ihr Angst. »So etwas habe ich nicht nötig«, sagt sie und betrachtet den bunten Schmuck ihrer Ringe an beiden Händen.

Die Psychogeografin

Die Psychogeografin denkt darüber nach, in welchen Terrains die Leute Tag für Tag unterwegs sind.

Sie erkundigt sich genau nach ihren Wegen und trägt sie in detaillierte Karten ein. Dabei stellt sie Überlegungen darüber an, welche Bezirke aus welchen Gründen besonders anziehend oder abstoßend wirken.

Spaziergänge mit ihr sind fast immer von besonderem Reiz, denn sie hat Augen für lauter Details, für den Bodenbelag, die Häuserfassaden, die Inschriften, die Werbung, ja für all jene nur scheinbaren »Belanglosigkeiten«, die ein italienischer Stadttheoretiker einmal als »bedeutsame, kleine Dinge im Stadtraum« bezeichnet hat.

Seit Beginn der Pandemie kommt es ihr so vor, als wäre sie mit ihrer Passion nicht mehr allein. Während die Menschen früher beinahe blind durch die Straßen strömten und keine besondere Notiz von den Dingen der Umgebung nahmen, zeigen manche plötzlich eine starke Neigung zur Psychogeografie.

Zusammenballungen von Passanten an einer Ampel lassen sie ausweichen und langsamer werden, ein Husten lässt aufhorchen und innehalten.

Viele bewegen sich im Zickzack von Bürgersteig zu Bürgersteig, tänzeln zwischen parkenden Autos umher und suchen nach einsamen Routen.

Die Psychogeografin glaubt, dass ihre Leidenschaft mit der Zeit von immer größerem Gewicht sein wird. Sie will keine Ruhe geben, bis sich die meisten Menschen eines Viertels mit Aspekten der Stadtplanung und des Umweltschutzes beschäftigen.

Schließlich begleitet sie kleine Gruppen mit einer Videokamera durch die Umgebungen ihrer Wohnhäuser. Sie filmt, die Menschen reden, erzählen und kommen mit anderen ins Gespräch.

Seit sie größere Gefolgschaft hinter sich glaubt, dehnt die Psychogeografin ihre Beobachtungen und Studien noch weiter aus. Stadtplanung ist in ihren Augen zu einem großen Zukunftsprojekt geworden, dessen Bedeutung mit einem Mal jedermann einleuchtet. In ihrer Wohnung hängen an fast allen Wänden Ausschnitte von Stadtplänen.

In den Träumen der Psychogeografin nehmen die Viertel langsam ein anderes Aussehen an. Zwischen den Mietblocks entstehen weite Parks mit Anbauflächen für Gemüse und Obst, und auf den Dächern wachsen kleine Wälder, deren Bäume wie Fähnchen im Wind wehen.

Die Auslöfflerin

Die Auslöfflerin kocht gerne und lädt ihre Freundinnen einmal in der Woche zum Essen. Schon die Vorbereitungen der Mahlzeiten machen ihr Spaß: das Einkaufen auf dem Markt, die Gespräche mit den Verkäufern über die Herkunft der Waren, die Unterhaltungen über Rezepte und Gerichte.

Sie besitzt eine beträchtliche Sammlung von Kochbüchern, für jede geliebte Region mindestens eines. Rheingau, Südtirol, Graubünden und Burgund sind die Favoriten, deren Gerichte sie um die passenden Weine ergänzt.

In der Küche legt sie die Zutaten in Reih und Glied längs und quer aus und mustert sie lange vor den ersten Kochaktionen.

Sie lässt eine Musik laufen, die zu den Gerichten passt und sie animiert. Die Klänge haben einen Bezug zur jeweiligen Region und komplettieren das angestrebte Fest für alle Sinne um das Hören.

Bevor sie mit dem Kochen beginnt, macht sie Fotografien der ausgelegten Waren, sie drapiert Gemüse und Obst zu kunstvollen Stillleben und gibt den Fischen einen besonderen Glanz durch Licht aus den Strahlern an der Decke. Hühner, Enten und Gänse erhalten jeweils ein großes Silbertablett für den Schlummer vor ihrer Zubereitung.

Sie summt leise vor sich hin und wird etwas lauter, als sie die Schrankfächer öffnet und das Küchenbesteck herausholt. Während der Kochvorgänge spielt das eine herausragende Rolle, und wer sie heimlich beobachten würde, könnte glauben, dass es sogar die Hauptrolle spielt.

Jedenfalls ist sie in bestimmte Werkzeuge (wie etwa Grillpinzetten, Pfannenwender oder Küchenzangen) verliebt und sorgt dafür, dass jedes einen eigenen Auftritt erhält. »Jetzt kommst du dran«, flüstert sie lüstern und spickt eine Kartoffel sanft mit der Kartoffelgabel auf, bevor sie mit dem Spatel ein Pfannengericht lüftet.

Wenn die Freundinnen erscheinen, ist alles auf die Minute präpariert, und es gibt Vorspeise, Hauptgang und Dessert. Nicht zu viel, jedes Mal etwas anderes.

Während der Mahlzeit hält sie sich mit dem Essen zurück. Sie hat zuvor häufig gekostet und den Appetit längst verloren. Die Freundinnen wissen Bescheid und sprechen sie darauf nicht an.

Statt zu essen, trinkt sie recht viel, drei oder auch vier Gläser Wein und eine ganze Flasche Wasser ganz allein.

Ist die Mahlzeit beendet, verabschiedet sie sich für eine halbe Stunde. »Tut mir leid, meine Lieben«, sagt sie jedes Mal, »ich möchte kurz aufräumen, gleich bin ich wieder bei euch.«

In der Küche räumt sie aber keinen Moment auf. Sie schaut vielmehr tief in die Töpfe, Kessel und Schüsseln und taucht einen kleinen Senflöffel in die Restsubstanzen der übrig gebliebenen Saucen.

Sie löffelt sie aus, geduldig und passioniert. »Das ist einfach das Beste«, denkt sie und gibt den Saucen gut klingende Namen.

Als sie die Küche verlässt und zu den Freundinnen zurückkehrt, fühlt sie sich wunderbar gesättigt. »Ah, wie gut!«, sagt sie leise und fährt mit der Zunge noch einmal über die schmalen Lippen, die sie gerade mit den Wundern des späten, vollendeten Genusses bekannt gemacht hat.

Der Zeitlose

Der Zeitlose bewegt sich nicht aus dem Haus seiner Kindheit fort, das er von den Eltern geerbt hat. Er nimmt die vergehende Zeit nicht zur Kenntnis, beachtet die neusten Nachrichten kaum und verreist fast nie.

Seit er in Rente ist, verbringt er die Tage in immer derselben Manier. Morgens geht er zum Bäcker, um frische Brötchen zu holen. Er kocht Kaffee und unterhält sich mit seiner gestorbenen Mutter, während das Wasser in den Trichter der Filtermaschine tropft. Er erzählt ihr, was er vorhat: einen Spaziergang durch die nahen Wälder, eine Partie Schach im Stadtpark, den Besuch eines Fußballspiels am Wochenende.

Mittags isst er meist außerhalb, aber fast nie in einer Gaststätte, sondern wenn möglich im Freien. Er kauft sich eine Kleinigkeit, setzt sich auf eine Bank und hört mit Kopfhörern Musik.

Obst mag er nicht, wohl aber rohes Gemüse wie Möhren oder Sellerie. Am liebsten isst er Radieschen, deren kleine Bündel er lange wie Liebesobjekte betrachtet: so gesellig, so munter, strahlende Erscheinungen, aus einer anderen Welt!

Alle paar Tage geht er nachmittags schwimmen, im Sommer aktiv im großen Freibad, im Winter in einem Thermalbad, an dessen Beckenrändern er fast regungslos liegt und die Strudel der warmen Wasser seinen Rücken massieren lässt.

Abends geht er am liebsten ins Kino und setzt sich ganz nach hinten, in die letzte Reihe. Aufmerksam und mitfühlend verfolgt er den Strom der Bilder, den er oft nicht mehr loswird.

Dann geht er in ein Lokal und trinkt zwei oder drei Gläser Whisky, die ihm meist helfen, besonders intensive Szenen zu verdrängen und von ihrer hartnäckigen Präsenz zu befreien.

In den Nächten öffnet er häufig die Holzkästen mit den Tausenden von Dias, auf denen er in unterschiedlichen Phasen seiner Kindheit und Jugend zu sehen ist. Sie zeigen ihn von der Geburt über die ersten Schuljahre bis zum Beginn des abgebrochenen Studiums. Jedes Mal stellt er einen Vortrag von etwa einer Stunde zusammen, in dem nicht mehr als zwanzig, höchstens dreißig Bildern zur Vorführung kommen.

Er kommentiert jedes ausführlich und entdeckt jedes Mal neue Details: »Das war im Duisburger Hafen, auf einem Schulausflug. Ich trug den neuen grünen Anorak, den Norbert an diesem Tag mit Öl vollschmierte.« Oder: »Das war am Niederrhein, ein langweiliger Tag mit Tante Petra, die mich eingeladen hatte, aber rein gar nichts mit mir anzufangen wusste. Wir haben Streuselkuchen gegessen und klebrigen Kakao getrunken, so viel, dass mir schlecht wurde.«

Je präziser er sich erinnert, umso lauter muss er lachen: War das ein Leben! Ist das eine Welt!

Plötzlich bemerkt er, wie laut er geworden ist. Er richtet sich auf und sagt: »Mann, benimm dich! Es reicht!«

Er ordnet die Dias wieder in die Kästen und verschließt sie. Es sind die einzigen Fotografien, die je von ihm gemacht worden sind. Er selbst hat nie fotografiert, sondern nur andere gebeten, ihn zu fotografieren. Die meisten Verwandten und Freunde fanden das seltsam und lästig, aber jetzt, im Nachhinein, ist er froh, auf ihr Maulen nicht reagiert und auf den Fotos bestanden zu haben.

In den Diakästen hat er sein frühes Leben gelagert. Er wird es nie leid werden, die Fotos zu betrachten. Sie gehören in sein Elternhaus, das die Eltern auch nach ihrem Tod weiter bewohnen, voller Genugtuung darüber, einen so zufriedenen, bescheidenen und anspruchslosen Sohn am Leben zu wissen.

Die Mitspielerin

Die Mitspielerin arbeitet für eine Medienagentur, die Schauspieler und Musiker an Veranstalter vermittelt. Wenn es zu Aufführungen kommt, ist sie dabei.

Heute ist sie in Wien, und morgen fährt sie weiter nach Salzburg und dann über München in den Taunus zurück, wo sie in der Nähe von Frankfurt in einem bescheidenen Zweizimmer-Appartement allein im Grünen wohnt.

Nach den Auftritten ihrer Schützlinge genießt sie die langen Abende, die späten Essen, die Begegnungen mit den Fans der Künstler und die Gespräche, die kurz vor Mitternacht meist ausflattern und ins Alberne oder Groteske abgleiten.

Sie sitzt mit am Tisch, das bedeutet ihr alles, sie hört zu, mischt sich ein und merkt sich vieles von dem, was gesagt und getratscht wurde.

Das trägt sie später in ihr Merkheft ein, und dabei kommen ihr die besten Ideen: Ein literarischer Abend am Brockstetter Weiher, in einem großen Zelt neben dem Hotel Seewiese? Eine Nachmittagsséance mit Herbstliedern und

Gitarrenbegleitung in den Kurparkanlagen von Stettenmühle?

Wenn sie allein ist, telefoniert sie unentwegt. Um die Zeit doppelt zu nutzen, schreibt sie während der Telefonate noch Postkarten.

Sie schreibt mit der Hand und mit einem alten Kuli, und jede Karte besteht aus denselben, eilig hingehauchten Formeln: »Meine Liebe / Mein Lieber, heute statte ich Wiesental einen Besuch ab und denke an Deinen letzten Auftritt! Wie wunderbar hast Du die Schubert-Lieder gesungen! Ich würde etwas darum geben, Dich wieder hier zu erleben! Hast Du Lust? Versuchen wir es gemeinsam? Alles Liebe …«

Fünfzig, sechzig Karten verschickt sie an einem einzigen Tag, es sind Hotelpostkarten mit übertrieben touristischer Werbung. Sie strahlen zurück und imaginieren den weiten Raum, in dem sie sich ununterbrochen bewegt: Europa, von Tromsø bis Malta.

In jeder Stadt sucht sie nach einer kleinen, einprägsamen Besonderheit, abseits von den bekannten Sehenswürdigkeiten. Sie verpflanzt solche Details in die kurzen Briefbotschaften an ihre besonders umturtelten Lieblinge: »In Catania sind die Sessel der Pension Grottalunga aus schwarzem Tuff, und, stell Dir vor, er kommt direkt aus dem Ätna!«

Ihr Leben verläuft in strengen Ritualen. Abholung eines Schützlings vom Flughafen oder Bahnhof, ein gemeinsamer Kaffee oder Drink, Verbreiten einer gelösten, heiteren Stimmung, unbedingtes Verschwinden und Abtauchen – bis zu den großen Momenten der strahlenden Wiederbegegnung backstage, wenn alles vorbei ist, der Applaus aber noch rauscht.

So lebt sie vom Glück anderer Menschen, und wenn alles gelingt, entzündet der Jubel des Publikums auch in ihr jenes innere helle Vibrato, für das selbst sie keine Worte mehr hat.

Der Dorfsheriff

Der Dorfsheriff ist seit dem frühen Morgen unterwegs. Seine erste Station ist ein Stehcafé, wo er einen Kaffee ohne Milch und Zucker trinkt und die Schlagzeilen der Boulevardpresse überfliegt. Einige liest er laut vor und wartet auf die Reaktionen der anderen Gäste. Was treibt sie um? Worauf reagieren sie? Er merkt es sich und zieht weiter, die zentrale Dorfstraße entlang.

Zwei, drei Falschparker fallen ihm auf, er speichert im Kopf ihre Kennzeichen und wird sie später notieren. Danach gilt sein Kontrollgang der Bank, wo er sich vom Automaten den Kontostand melden lässt.

Weiter geht es zur Apotheke, dort erhält er die Apotheken-Umschau oder eine andere kostenlose Broschüre, aus der er während seines zweiten Kaffees in einem anderen Stehcafé etwas vorlesen wird. Erneut interessieren ihn die Reaktionen. Welche Krankheiten haben die Leute? Und vor welchen haben sie Angst?

Von der Apotheke schlendert er zum Bahnhof. Wer steht

dort plan- und ziellos herum? Und worüber unterhält man sich in der Postfiliale?

Gegen 11 Uhr öffnen die drei, vier Gaststätten des Ortes. Die Frühtrinker sind bereits unterwegs und nehmen an den Theken ihren ersten Schluck. Er macht mit, trinkt aber keinen Alkohol, sondern nur ein Glas Wasser. Alkohol habe der Arzt ihm verboten, sagt er mehrmals und beobachtet die Männer, die zügig ins Trinken geraten und bald schon ins Fantasieren. Er streut die Boulevardnachrichten ein und ein paar Apothekenempfehlungen bei den beliebtesten Krankheitsverläufen – das findet regen Zuspruch.

Am Mittag verabschiedet er sich und geht nach Hause. Er setzt sich vor den Fernseher und schaut ein Nachrichtenmagazin, dann notiert er die Daten der Falschparker auf einer Blanco-Karteikarte, die er wenig später unauffällig in den Briefkasten der Polizeistation werfen wird. Ein Mittagessen verbietet er sich, auch der Mittagsschlaf ist nichts für ihn. Er zieht sich langsam um und geht wieder zurück ins Dorf.

Gegen 15 Uhr treffen sich die alleinstehenden älteren Frauen im Dorfcafé, da ist er dabei. Irgendein freier Platz wartet immer auf ihn, und dann unterhält er sich mit den Frauen, die viel anschaulicher und munterer erzählen als die lethargisch wirkenden Männer am morgendlichen Tresen. Manchmal spendiert man ihm einen Cognac, und dann trinkt er den in langsamen Schlucken und erwähnt nicht mehr, dass der Arzt ihm angeblich Alkohol verboten hat.

Der frühabendliche Dorfspaziergang besteht aus einer

großen Runde: die Parkplätze (überfüllt), das Eiscafé (zu viele Jugendliche), die Dorfkirche (leer wie fast immer), bis er sich nach draußen vor die markanteste Gaststätte des Ortes setzt.

Wenig später wird er eine hausgemachte Suppe bestellen, dazu etwas Brot und ein Bier. Ein paar Fremde werden eintreffen, und er wird ihnen einige alte Dorfgeschichten erzählen. Die Fremden verstehen den Ort nicht, sie streunen herum und wissen schon bald nicht mehr, warum sie überhaupt angereist sind. Er macht ein paar Vorschläge für Spaziergänge in der Umgebung, dann ist das einzige Hotel des Dorfes seine letzte Station.

Er merkt sich die Adresse des Reisebüros auf den bunten Flanken des Busses, der die Fremden in den Ort gekarrt hat. Später wird er im Netz recherchieren, woher genau sie kommen und worauf er sie am nächsten Tag ansprechen könnte. Er wird behaupten, bald einmal dort Urlaub machen zu wollen, auch wenn er niemals Urlaub macht.

Nachts bewegt er sich mehrere Stunden im Netz. Danach notiert er alle Daten, die er am Tag gespeichert hat. Zuletzt sucht er auf Youtube nach kurzweiligen Nachrichten aus der Umgebung.

In den Träumen wandern die vielen gespeicherten Daten noch einmal in langen Reihen durch sein Hirn, bis sie sich zu einer schweren Suppe verdicken, die Blasen wirft und schließlich in einem grauen Meer von Geräuschen und Klängen untergeht.

Der Brombeerpflücker

Der Brombeerpflücker liebt Früchte aller Art. Wenn er spazieren geht, entdeckt er sie überall. Mirabellen, Himbeeren, Johannisbeeren. Brombeeren mag er am liebsten, und so sieht man ihn im Spätsommer an den Straßenrändern und Waldlichtungen dort, wo Brombeersträucher in großen Inseln wuchern.

Er hat eine alte Milchkanne seiner längst gestorbenen Mutter dabei und lässt die gepflückten Beeren in das tiefe Verlies gleiten, dessen Anblick eine Geruchsassoziation auslöst. Es riecht nach dem Mutterparfüm, einem herbschweren Duft, dessen Namen er noch immer nicht kennt, aber auch nicht genau wissen möchte. Die tiefschwarzen Beeren verschwinden im Dunkel und verdichten sich zu einem Bau aus mehreren aufeinandersitzenden Lagen, die er später mit einem Emailledeckel verschließt.

Er pflückt, bis der Topf gefüllt ist. Dann ummantelt er ihn mit einem langen Kniestrumpf und befestigt ihn auf dem Gepäckträger seines Fahrrads. Er steigt nicht auf, sondern schiebt das Rad neben sich her, den wie eine Monstranz aufgebahrten Schatz im Auge. Die Passanten schauen ihm nach, sein Auftritt hat etwas von einer kleinen Prozession.

Was ist drin in dem Heiligtum, das er neben sich herschiebt? fragen sich viele Beobachter. Ein gefangenes Tier? Eine Kostbarkeit? Oder gar Munition? Wenn er gegrüßt wird, nickt er kurz, antwortet aber nicht.

Er geht langsam, Schritt für Schritt, vorsichtig, als wäre er auf der Hut. Ist ein Ast im Weg, streicht er ihn mit der Hand zur Seite wie einen Vorhang, der sich nach der Öffnung rasch wieder hinter ihm schließt. Beginnt es zu regnen, geht er ungerührt weiter und duldet regungslos, dass sein Kopf nass wird.

Zu Hause schiebt er das Fahrrad in den Hinterhof, schließt es ab, greift nach der Kanne und trägt sie in seine Küche. Er befreit sie von ihrem Mantel, öffnet sie und lässt den ausströmenden Duft überall eindringen: in seine Kleidung, die Küche und den Flur, wo sich die Duftsphären im Garderobenschrank festsetzen, genau dort, wo er seit dem Tod der Mutter noch ein letztes ihrer Kleider aufbewahrt. Es ist lang und schwarz und hängt auf einem hellen, geschwungenen Bügel. Eine Kette mit Granatschmuck funkelt wie ein Reif auf dem Oberteil.

Einen Teil der Brombeeren isst er gleich am Abend. Den Rest kocht er ein und verzehrt ihn im Winter, morgens zum Frühstück, mit duftenden Zimthörnchen, von denen er jeden Morgen welche beim nahen Bäcker holt. Er schneidet sie auf und legt sie nebeneinander zu einer Parade auf ein Holzbrett. Dann bestreicht er die Hälften langsam mit der Brombeermarmelade und trinkt während des Frühstücks dazu einen besonders starken Kaffee.

Bis zum Mittag nährt ihn das, und erst, wenn er sich auf eine andere Mahlzeit einlässt, stirbt langsam der intensive Geschmack, der sein Leben grundiert und trägt.

Der Multi-Aktive

Der Multi-Aktive ist am frühen Morgen einer der ersten Badegäste im Schwimmbad am Rhein. Ohne auf die anderen Besucher zu achten, schwimmt er seine Bahnen, tausend Meter sind es mindestens.

Später sieht man ihn auf dem Fahrrad in der Innenstadt bei kleineren Einkäufen. Auch wenn er fährt, telefoniert er ununterbrochen, und manchmal hört man sein Lachen in einer noch leeren Straße.

Bekommt man einige Fetzen seiner Monologe mit, hält man ihn für einen Unternehmer, der an vielen Projekten gleichzeitig beteiligt ist und sich mit seinen Mitarbeitern verständigt. Man weiß jedoch nicht, womit genau er sich beschäftigt. Ist es ein Handwerk, leitet er eine IT-Firma oder organisiert er Events in großem Stil?

Zu fassen bekommt ihn während des Vormittags niemand, ununterbrochen ist er auf dem Rad unterwegs, nur manchmal verschwindet er kurz in einer Metzgerei und verlässt sie mit einem belegten Brötchen in der Hand, das er während der Weiterfahrt verzehrt.

Er trinkt häufig etwas, und jeder, der es mitbekommt, vermutet, dass er in seiner dunkelgrünen Fahrradflasche einen selbst gemixten Energydrink dabeihat.

Gute Beobachter erkennen ihn beim Überqueren der Flussbrücken, als legte er eine festgelegte Tour zurück und als gehörten diese Überquerungen zu seinem morgendlichen Trainingsprogramm.

Andere nehmen an, dass er als fliegender Bote unterwegs ist und in enormem Tempo wichtige Dokumente oder Waren von A nach B bringt. Die Anstrengungen der Touren sind ihm jedoch nicht anzusehen, er wirkt lässig und sportlich, und er ist immer zum Wetter passend gekleidet.

Erst mittags sieht man ihn an einem Tisch, oft ist es ein kleiner, runder, der irgendwo im Freien vor einer Kneipe steht. Er trinkt ein oder zwei Kölsch und isst kraftspendende Kölnhappen, frischen Tartar mit Zwiebeln oder Mettbrötchen, scharf gewürzt.

Eine halbe Stunde nimmt er sich dafür Zeit und unterhält sich während der kurzen Mahlzeit mit einem anderen Gast.

Seine Siesta besteht aus einem Kirchenbesuch. Er geht hinein, zündet eine Kerze an und setzt sich in eine Bank. Dann schließt er für einige Zeit die Augen, betet ein *Vaterunser* und verlässt den stillen Kirchenraum so erfrischt, als hätte er sich tief entspannt.

Den Nachmittag verbringt er in einem Café, wo er die Mails seiner Mitarbeiter in Empfang nimmt und beantwortet. Er surft nicht im Netz, sondern widmet sich der Büroarbeit, manchmal telefoniert er nebenbei und tippt während eines Telefonats mit A an der Mail, die an B, C und D gehen soll.

Verlässt er das Café, sind die Dinge am Laufen. Laufen sie besonders gut, empfindet er kurze, starke Momente des Glücks. Was er leistet, das kann nur er und niemand sonst, davon ist er fest überzeugt.

Er belohnt sich mit Sportwetten. Galopprennen verfolgt er am Bildschirm, während er den Kick genießt, auf ein wenig aussichtsreiches Pferd gewettet zu haben. Gewinnt er, ist der Betrag hoch, Verluste ärgern ihn aber nie, die wachsende Erregung vor dem Bildschirm ist jedes Geld wert.

Am Abend gönnt er sich eine richtige Mahlzeit, meist in einem Kölner Brauhaus, zusammen an einem Tisch mit lauter Menschen, die er zuvor noch nie gesehen hat. Er kommt schnell mit ihnen ins Gespräch, und jedes Mal schlüpft er in einen anderen Beruf. Mal ist er Architekt, dann Städteplaner, Messeveranstalter, Importeur von Rum und anderen Spirituosen aus Übersee. Glaubhaft erzählt er davon, was er am Tag getan hat, und die anderen Gäste kommen aus dem Staunen nicht mehr heraus.

Ist er gut drauf, beschert der weitere Abend ihm einen Besuch in einem Massagesalon. Mit der Masseurin redet er kaum ein Wort und entschuldigt sich vorher dafür. Er gibt an, »fix und fertig« zu sein, ist es jedoch fast nie.

Die tiefe Nacht gehört dem Internet. Er tummelt sich im Netz und sondiert lauter unterschiedliche Themen (Pferdesport, Schachpartien, Taucherausrüstungen, Obstanbau).

Zwei, drei Stunden geht das so. Dann legt er sich ins Bett, betet noch einmal ein *Vaterunser* und träumt von fernen Häfen, in denen er zusammen mit anderen Kerls gerade dabei ist, kostbare Ladung von weither zu löschen.

Der Topoptimierte

Wenn der Topoptimierte frühmorgens erwacht, läuft bereits nach dem ersten Husten seine Lieblingsmusik. »Penny Lane« ist in der ganzen Wohnung zu hören, und prompt springt im Bad das Licht an und die Wassertemperatur schaltet um auf lauwarm.

Die elektrische Zahnbürste kreist vor sich hin, und die Zahnpasta wird eingespeist, minimal angerührt, damit sie sich geschmeidig zwischen den Zähnen verteilt.

Im Ankleideraum neben dem Schlafzimmer springen die Fenster kurz auf, die Luft von draußen wird eingesogen, gefiltert und, mit Tannenduft versetzt, in kleinen Dosen über die bereitliegende Unterwäsche gehaucht.

Der Topoptimierte streift sie über und switcht in die Küche, wo der Espresso (*doppio, macchiato*) schon bereitsteht und der Toaster zwei Scheiben irischen Vollkorntoast herausspringen lässt. Der Marmeladenklecks ist eingearbeitet und quillt farbig auf, wenn er mit etwas Leitlicht verwöhnt wird.

»Penny Lane« ist dann längst gelaufen, die weiteren Morgenstartphasen begleitet Lautenmusik der Elisabethanischen Ära. Sie befreit das Hirn von Illusionen und bringt etwas Konstantes ein, während in der Mikrowelle eine gebutterte Scheibe Graubrot tief durchatmet. Das darauf verteilte Rührei flockt käsig auf und erhält einen Überzug von geriebenem Gruyère.

Das wird rasch noch gegessen, der Magen meldet fast perfekte Kohlenhydratakzeptanz (95 Prozent), jetzt rasch noch das Glas mit dem bunten Früchtesmoothie (Kiwi/Banane) geleert, der jedes Mal hundert Punkte einspielt.

Als der Topoptimierte die Wohnung verlässt, hat der Laptop längst das Tagesprogramm gestartet und hält alle notwenigen Dokumente in drei Sprachen bereit.

Kurz bevor die Wohnungstür schließt, jagt das Smartphone-System noch den Anfang von Tschaikowskys erstem Klavierkonzert in b-Moll hinterher: Auf, Junge!, nun mach, bevor die Trompeten deine Sneaker zerlegen und das Klavier dir endgültig weit davongeeilt ist!

Das Aufräumkind

Das Aufräumkind lädt nach Hause ein, damit man sein Zimmer bewundert. Seit einiger Zeit orientiert es sich an einer Netflix-Serie, in der Marie Kondo, eine japanische Meisterin der Raumentleerung, das Sagen hat. Die Folgen spielen in den USA und exerzieren jeweils ein einfaches Drama durch: Marie Kondo betritt eine Wohnung, schaut in jede Ritze und empfiehlt den Bewohnern, alles zu entfernen, was »keine Freude macht«.

Die Empfehlung ist streng. Einige Klienten klammern sich an alte Stofftiere, die nicht mehr so richtig als Freudenspender taugen, andere werfen prüfende Blicke auf ihren Partner, ob der denn noch der richtige ist.

Alles Überflüssige muss raus – das ist die Devise von Marie Kondo, und ihr geheimes Leitbild sind kleine Wohnräume auf altjapanischen Bildrollen. Nur wenige Gegenstände sind in diesen Räumen erlaubt, man sitzt meist auf dem Boden und reicht sich Tee, und die Unterhaltung verläuft über Haikus, die als lyrisches Genre die kontemplative Essenz aller Aktionen sind.

Das Aufräumkind spricht vom Glück des Aufräumens. Die Zahl seiner Facebook-Freunde hat es längst reduziert, und seit neustem wird eine ganze Woche lang dieselbe Kleidung getragen, einschließlich Frisur und Makeup.

»Du solltest lernen, dich von allem zu trennen, das Staub ansetzt«, sagt es ernst, und der Besucher denkt darüber nach.

Es zeigt ihm die vielen Excel-Tabellen, die es für den gesamten Haushalt der Familie angelegt hat. Von den Möbeln über die Bücher bis zu den Lebensmitteln und sämtlichen Haushaltsgeräten ist darin alles festgehalten, was noch zum Einsatz kommt.

Jeder Posten hat eine bestimmte Laufzeit erhalten, deren Ende das mögliche Verschwinden aus dem Haushalt bezeichnet und ankündigt.

Selbst die angestrebte Lebensdauer der Haustiere ist genau fixiert, ganz zu schweigen von der weiteren Existenz sämtlicher Pflanzen und Sträucher im kleinen Hausgarten.

Das Aufräumkind übersieht die ganze Welt der Ökonomien, die es umgeben. In einem späteren Leben möchte es Finanz- oder Haushaltspolitikerin werden.

Es ist auf der Suche, dafür eine passende Partei zu finden, die eine adäquate Karriere mit festen Lebensabschnittsplänen ermöglicht.

Der Testesser

Der Testesser isst häufig außerhalb, aber nie mehrmals hintereinander in ein und demselben Restaurant.

Jede Mahlzeit bewertet er ausführlich auf seinem selbst konzipierten Fragebogen, dessen Ergebnisse er später ins Netz stellt.

Betritt er eine Gaststube, checkt er zunächst mit raschen Blicken die Garderobe: Wo genau befindet sie sich? Ist der Weg dorthin ausgeschildert? Gibt es ausreichend Kleiderbügel und einen Schirmständer?

Seinen Sitzplatz wählt er so, dass er große Partien des Lokals überblicken und möglichst viele andere Gäste bei der Einnahme ihrer Mahlzeit beobachten kann.

Hat er Platz genommen, betätigt er in regelmäßigen Abständen die kleine Stoppuhr, die er vor den Blicken der Kellnerin abdeckt. Wie lange dauert es bis zur Bestellung der Getränke? Wie lange, bis die Speisekarte gereicht wird? Und wie lange, bis ein Körbchen mit Brot und das Amuse gueule vor ihm stehen?

Ist die genaue Bestellung aufgegeben, verabschiedet er sich

auf die Toilette, die er minutiös untersucht. Sind die Spiegel geputzt, ist ausreichend Toilettenpapier vorhanden, wie und wo trocknet man die Hände, welche Duftnoten hat die Seife?

Nach der Rückkehr an den Tisch kontrolliert er die Innentemperatur des Restaurants und vergleicht sie mit der Außentemperatur.

Wird eine Speise serviert, fotografiert er den Teller und macht sich Notizen über die Drapierung des Essens.

Jede Mahlzeit probiert er langsam und mit dem Einsatz von Gabel, Messer und Löffel. Bevor er sich ihr ganz widmet, lässt er sich die verfügbaren Salz-, Essig- und Ölsorten zeigen.

Immer gibt es etwas zu beanstanden. Mal ist das Essen schlecht temperiert, mal passt eine Zutat nicht, mal ist der Geräuschpegel zu hoch, mal ist das Licht zu schwach – er meldet seine Einwände laut und fixiert die Antworten schriftlich, die er vom Personal auf seine Beschwerden erhält.

Da es viel zu beobachten und zu notieren gibt, isst er am liebsten allein. Reserviert hat er den Tisch jedoch für zwei, um für die Notizen ausreichend Platz zu haben.

Die Bewertung eines Restaurantbesuchs, die er ins Netz stellt, sind so ausführlich und penibel, dass sie von anderen Gästen meist nicht zu Ende gelesen werden.

Er bildet sich jedoch ein, dass viele sie lesen und beachten. Da er aber keine Rückmeldungen erhält, kalkuliert er die Zahl der Leserinnen und Leser nach eigenem Gutdünken.

Er verlässt das Restaurant grußlos. Draußen flüstert er: »Na, denen habe ich es aber gezeigt – und wie!«

Der Unterwasserlebende

Der Unterwasserlebende geht zwei- bis dreimal in der Woche ins Thermalbad. Um lange abzutauchen, benötigt er eine schmale Saugnapfbrille mit 100 % UV-Schutz, eine Nasenklammer und Ohrenstöpsel.

Die Trias ist ideal für seine kontemplativen Übungen, um derentwillen er schwimmen geht.

Er treibt keinen Sport, sondern sucht Konzentration, Stille und Welten, in denen es anders zugeht als im normalen Alltag.

Am Beckenrand taucht er ab und verweilt einige Zeit unter Wasser. In geringer Entfernung treiben die kopflosen Leiber der Badenden vorbei, zeitlupenhaft langsam. Die Beine schlagen aus, die Füße wippen auf dem hellen Kachelboden, ein fremd wirkendes Unterwasserballett inszeniert sich, ohne dass die Badenden es mitbekommen.

Der Unterwasserlebende löst sich vom Beckenrand und gleitet dicht über dem Boden durch das flimmernde All.

Ein wenig erinnern ihn seine Bewegungen an die von Kosmonauten in weiten, geräuscharmen Räumen.

Allmählich wird er ruhiger und zu einem Teil der sich wandelnden Bilder. Große Strahler erhellen den tiefen Wasserraum und entlocken den bunten Fliesen architektonische Zeichen, die an Paul Klee erinnern, während die helle, nur hier und da gerötete Haut der Badenden künstlich wirkt und an Skulpturen von Jeff Koons denken lässt.

Je länger Gespräche und Worte ausgeblendet sind, umso stärker erscheinen die theatralischen Szenen: Ein Reigen von ungleichen Körpern, muskulös, mager, zappelnd, bewegungslos, herumflatternde Hände, Haarekstasen oder Badekappen, streng auf den Schädel gepresst.

Das ist das menschliche Dasein an und für sich, denkt der Unterwasserlebende: Körper, Bewegung, Luftholen und Herzschlag, der elementare Zustand des Lebens.

Wie ein Forscher beobachtet er die tiefe Welt, gleitet eine Stunde umher und taucht wieder in den Alltag zurück.

In den Ferien wird er in glasgrünen Seen der Steiermark abtauchen und später das erste Unterwasser-Restaurant Europas besuchen, das gerade in Norwegen eröffnet hat. In fünf Metern Tiefe wird er auf einer Sitzgruppe aus Eiche in die See starren und erleben, wie die dort vorbeitreibenden Fische und Krebse ihn mustern: Bist du für uns bereit?

Der Unterwasserlebende wird begeistert nicken, Unterwasser bedeutet in seinen Augen rares Glück, so, wie die Schöpfung es einmal verhieß.

Die Romanspielerin

Die Romanspielerin ist immer mit einem Hörbuch unterwegs. Sie liebt Romane, vor allem die des neunzehnten Jahrhunderts, mit Familiengeschichten, ausführlichen Beschreibungen und langen Dialogen.

Die meisten Hörbuchfassungen solcher Romane dauern mehr als zwanzig Stunden, die von Tolstojs *Krieg und Frieden* sogar fast dreißig. Die Länge macht ihr nichts aus, je länger, desto besser.

Sie hört täglich ein Stück, manchmal wiederholt sie auch den Ausschnitt vom Tag zuvor. So erlebt sie *Krieg und Frieden* im Bus, in der Straßenbahn und im Zug, beim Spazierengehen und sogar beim Wandern.

Allein unterwegs zu sein, gefällt ihr, sie ist gern allein unterwegs, denn sie bewegt sich ja in der Begleitung von vielen Figuren, unter denen sich manchmal auch solche befinden, die in der großen Geschichte eine bedeutende Rolle gespielt haben.

Häufig setzen sich die gehörten Sequenzen in ihrem Kopf fort. Dann glaubt sie, die Stimmen der Sprecherinnen und

Sprecher weiter zu hören, wie ein fernes Rauschen, Säuseln, Räuspern, Hüsteln, das sich in ihren Alltag mischt.

Manche Details eines Romans verführen sie dazu, nach direkten Verbindungen zu ihrem eigenen Leben zu suchen. Dann bestellt sie sich Getränke und Speisen, die im Roman vorkommen, oder sie führt Unterhaltungen mit einzelnen Figuren, die ihr besonders gefallen.

Als Anna Pawlowna in *Krieg und Frieden* eine Grippe hat und viel hustet, legt sie sich auch eine Grippe zu und hustet viel, und als sie erfährt, dass Anna Pawlowna von anderen Personen als »Enthusiastin« geschätzt wird, macht sie sich Gedanken darüber, wie sie als Romanhörerin auch eine »Enthusiastin« werden könnte.

Während sie romanhörend unterwegs ist, spricht sie zur Abwechslung manchmal andere Passanten an. Sie fragt nach dem Weg oder nach der Uhrzeit, und wenn die Antworten zu kurz ausfallen, erkundigt sie sich nach weiteren Details, bis sie eine ungefähre Vorstellung davon hat, wo ihr Gegenüber wohnt, was es umtreibt und ob es geeignet sein könnte, in ihrem Roman eine kleine Rolle zu spielen.

Sie denkt darüber nach, ihren Job aufzugeben und Fremdsprachen zu lernen, um sich später auf Stellen zu bewerben, in denen sie mit interessanten Menschen zu tun hat – mit Menschen, die etwas entscheiden und durchsetzen müssen, auf wichtigen Positionen, die starken Einfluss auf das Leben anderer Menschen haben.

Den Kontakt zu ihren Freundinnen hat sie abgebrochen.

Ab und zu wird sie jedoch weiterhin in der Stadt erkannt, etwas notierend, immer mit Kopfhörern. »Que voulez-vous?«, fragt Fürst Wassili sie fast täglich, und sie antwortet: »Ich denke noch darüber nach …«

Der Küchenschweiger

Der Küchenschweiger ist der Leiter des großen Teams, das sich perfekt eingespielt seit dem Vormittag in der Küche des Hotelrestaurants an den Herdplatten bewegt.

Während der Zubereitung der Speisen spricht er kaum ein Wort und konzentriert sich auf jede Kleinigkeit: die überdrehte Helligkeit einer Sauce, die falsche Platzierung von drei geschmorten Apfelspalten auf den gratinierten Kartoffeln, die schwammige Labbrigkeit eines Stücks Broccoli, das nach dem Kochen versehentlich keine eiskalte Streckdusche abbekommen hat.

Spricht ihn einer der Jungspunde an und stellt Fragen zu diesem oder jenem Gericht, fährt er ihm über den Mund: »Ruhe! Jetzt werden keine Fragen gestellt!«

Ein wenig Härte muss sein, später gleicht er solche Diktate mit einigen umsichtigen Bemerkungen zu jenen Beilagen aus, deren Gestaltung er den Jungspunden gönnerhaft überlässt.

Gelangt er zu höchster Ekstase, spürt er einen kurzen Schwindel. Es ist nichts Beängstigendes, sondern ein Gefühl extremen Glücks: Gerade kocht er mit Hilfe der großen Meister. Auguste Escoffier, Paul Bocuse oder Eckart Witzigmann tauchen in den Nebeln der Küchenstrahler kurz auf und murmeln anerkennend.

Ist der Höhepunkt der Kochzeremonien überschritten, geht er nach draußen ins Freie und nimmt im Hof einen Schluck. Der kalte Champagner dringt wie der Schnitt eines scharfen Messers in seinen leeren Magen und lässt die Glücksgefühle noch einmal aufsteigen.

Mit leicht gerötetem Kopf betritt er danach das Restaurant, geht lächelnd an den Tischen vorbei, sagt überall ein paar freundliche Worte und klärt für sich selbst heimlich ab, an welchem Tisch er mit seiner stundenlang zurückgehaltenen Rede beginnen könnte.

Er beobachtet die Gäste genau, und seine hoch entwickelte Zutatenkenntnis sagt ihm, welche ihn nicht enttäuschen. Es sind genau die, die nach einem perfekten Menü nichts mehr sagen, sondern nur noch zuhören wollen.

Er bleibt an seinem Favoritentisch stehen, spricht leise und freundlich, hält sich mit beiden Händen an der Lehne eines Stuhles fest, rückt ihn unauffällig näher an sich heran und wartet auf den Moment, da er sich auf ihm niederlassen wird.

Das geschieht, wenn die meisten anderen Gäste das Restaurant verlassen haben und mit einem kurzen Nicken von ihm verabschiedet wurden.

Dann nimmt er bei seinen Favoriten Platz. Meist ist es ein

Ehepaar, das, wie er sich vormacht, »etwas von der Kochkunst versteht«.

Noch einmal drehen sich in seinem Kopf die Bilder der Zelebration, dann streicht er den weißen Kittel glatt, lehnt sich nach hinten und lässt der langen Suada, die er für diesen Anlass gespeichert hat, freien Lauf.

Rasch gewinnen seine Worte an Fahrt, er spricht allein, erklärt nichts und will nichts hören und wissen.

Meist spricht er lange, und wenn die stumm geredeten Gäste das Restaurant als letzte verlassen, spüren auch sie etwas von jener somnambul machenden Trance, die ihn als Küchenschweiger seit vielen Stunden in ihren Bann geschlagen hat.

Die Außerhausesserin

Die Außerhausesserin lebt allein und kocht nicht gerne nur für sich selbst. Beinahe täglich isst sie daher außer Haus.

Wenn möglich, isst sie immer woanders und lässt sich von den Angeboten und Waren auf ihren unterschiedlichen Wegen zum Büro animieren.

Hat sie etwas länger geschlafen als sonst, frühstückt sie kurz im Kaffeeshop einer Bäckerei, nicht ohne die neuste Tageszeitung zu überfliegen.

Sie trinkt einen Cappuccino und wählt dazu ein mürbes Hörnchen. Tasse, Teller und Löffel trägt sie nach Benutzung wieder zur Ausgabestelle zurück. Danach grüßt sie alle Mitarbeiterinnen laut und vernehmlich: »Ihnen allen einen wunderschönen Tag!«

Meist nimmt sie auf ihrem weiteren Weg zum Büro zwei oder drei Früchte mit. Einen Apfel und eine Birne reibt sie nach dem Kauf im Gehen gründlich sauber. Gibt es irgendwo Feigen, kauft sie drei Stück. Datteln mag sie auch sehr, Orangen dagegen lässt sie unbeachtet, weil das Schälen angeblich ans Kochen erinnert.

Im Büro geht sie die Mittagsangebote der nahen Gaststätten durch: Imbissstuben, Lokale, Restaurants – wer hat etwas Besonderes zu bieten, das zur Jahreszeit passt?

Sie folgt keinen festen Grundsätzen, vegetarische oder vegane Mahlzeiten kommen ihr gelegen, müssen aber nicht sein. In eher seltenen Fällen macht sie sich auch über eine Bratwurst mit Brötchen und scharfem Senf oder über einen Döner mit Lammfleisch und Krautsalat her.

Immer woanders und anderes zu essen, empfindet sie als einen Ausdruck von Freiheit. »Ich lasse mir alles gefallen, aber mir gefällt nicht unbedingt alles«, sagt sie stolz. »Wer mich für sich einnehmen will, muss dafür auch etwas Unerwartetes und Besonderes tun.«

Nach der kleinen Mahlzeit am Mittag freut sie sich auf den Nachmittagstee. Auch hier wechselt sie von Tag zu Tag die Sorte sowie die süße Ergänzung.

Ausschließlich abends isst sie nicht allein, sondern, wenn es sich denn so ergibt, mit jeweils anderen Menschen. Aber auch dann bleibt sie bescheiden und belässt es bei einer Vorspeise, einem Salat oder einem Kindergericht. »Das Verkosten ist am wichtigsten«, sagt sie, »nicht Appetit oder Hunger. Das lernt man irgendwann von selbst, dann hält man fürs ganze Leben sein ideales Gewicht.«

Der Kultivierte

Der Kultivierte kennt keinen Alltag. Was auch immer er tut, tut er in dem Bewusstsein, die eigene Kultivierung mit im Blick haben zu müssen.

Mäht er den Rasen in seinem Garten, erinnert er sich an antike Texte über die Farbe Grün und die fundamentalen Erfordernisse des Ackerbaus.

Speist er in einem Restaurant zu Mittag, spricht er mit den Kellnern Französisch und plaudert mit ihnen über die neusten Errungenschaften der Haute Cuisine.

Ist er im Wald unterwegs, trägt er aus Großbritannien importierte Spaziergängerkleidung, wasserdicht, unauffällig, aber aus feinsten Stoffen.

Gibt er sich mit ausgesucht wenigen Freunden dem Ereignis eines Fußballspiels im Stadion hin, hat er ein faltbares Sitzkissen dabei und einen Flachmann aus Edelstahl mit Schraubverschluss. Nach jeder fulminanten Aktion genehmigt er sich einen Schluck Portwein.

Er liebt Galopprennen und lässt bei gutem Wetter kaum eines aus. Werden die Pferde vor einem Rennen herumgeführt, schaut er sie genau und nachdenklich an und gibt seine Geheimnisse preis: »Ich denke, diesmal wird die Nr. 4 es machen. Eurydike – du gefällst mir.«

Zwei unvergessliche Jugendjahre hat er in Cambridge verbracht. Seither rudert er mit seinen Söhnen samstagnachmittags auf dem Rhein.

Gehen sie später zu dritt an einem bekannten Imbissstand am Rheinufer vorbei, spricht er den Besitzer gut gelaunt an: »Alter Schwede, ich nehme Ketchup, aber nur das selbstgemachte, mit einer zusätzlichen Linie Mayonnaise. Rot-weiß, du verstehst mich!«

Muss er sich einen längeren Vortrag anhören, trägt er gut sichtbar in sein Notizbuch einige Anmerkungen ein. Während des Vortrags hält er es auf einem Knie fest. Er schreibt und schreibt, vor allem, um nicht aufschauen zu müssen.

Spricht man ihn hinterher auf ein Thema an, holt er aus, zitiert einige Sprichwörter in mehreren Sprachen und endet mit Bemerkungen, die das Thema auf anderen Kontinenten platzieren.

Einige seiner Leitsätze lauten so: »Vom Guten gibt es immer auch ein Besseres.« – »Man sagt mir nach, konservativ zu sein, das ist stark untertrieben, ich bin ein Fundamentalist.« – »Sollte ich Petrus je am Himmelstor begegnen, würde ich ihn ganz schön in Verlegenheit bringen. Womit? Das ist geheim.«

Der Internet-Rezensent

Der Internet-Rezensent rezensiert alle paar Tage ein Buch, das er sich vom Verlag als kostenloses Rezensionsexemplar hat schicken lassen.

Er notiert, was er über die Autorin oder den Autor im Netz erfährt. Die Lektüre von Rezensionen in Printmedien lehnt er grundsätzlich ab: »Ich bin kein Feuilletonist, zum Glück nicht.«

Bereits vorhandene Internet-Rezensionen nimmt er kurz zur Kenntnis, geht aber auf keine einzige in seinen eigenen Texten ein.

Er hat viele Favoritinnen und Favoriten, deren Bücher er regelmäßig rezensiert. Subtil und zurückhaltend weiß er seine Vorkenntnisse zur Geltung zu bringen: »Als treuer Leser der Bücher von x weiß man, dass …«

Er lässt sich nie allzu sehr gehen und verurteilt auch kein Buch ganz und gar: »Das ist nicht meine Art, ich empfehle gern, aber verreiße nicht, schlechten Büchern gehe ich von vornherein aus dem Weg.«

Seine Rezensionen sind ausführlich und mindestens vierzig, fünfzig Zeilen lang. Allein schon wegen der Länge erhält er viele positive Bewertungen.

Hat er ein Buch besprochen, bietet er es zum Verkauf an. Hier und da hat er mit Bleistift einige Anmerkungen bei seiner Lektüre gemacht. Ausrufe- und Fragezeichen, Schlangenlinien, Kreise und Ovale, munter verstreut. Er lässt sie stehen: »Meinen Geheimcode versteht leider niemand.«

Zitiert ein Verlag aus einer seiner Rezensionen, genehmigt er sich ein Glas Champagner. »Ein Glas, nur ein einziges, so hat es auch Alfred Kerr immer gehalten.«

Jedes Jahr besucht er die Buchmesse. Lächelnd geht er an den vielen Verlagsständen vorbei und unterhält sich hier und da mit den Pressedamen. Erkundigen sie sich nach seinem Namen, antwortet er: »Sie kennen mich, aber Sie sollen nicht wissen, woher …«

Fragt man ihn nach seinen Passionen, sagt er: »Lektüren! Immerzu! Überall! Im Freien! In der Bahn! Unter Menschen! Sie ersetzen mir alles, selbst das Briefmarkensammeln, das mir früher alles bedeutete!«

Unterhaltungen über den Sinn des Lebens weicht er aus: »Als Internet-Rezensent ergibt sich der Sinn des Lebens von selbst. Er besteht in der Verbeugung vor Büchern und den in ihnen beschriebenen Lastern.«

Der Hundehalter

Der Hundehalter strukturiert den Tag nach den Zeiten, in denen er mit seinem Hund unterwegs ist.

Der erste Ausgang findet frühmorgens statt, bevor die Nachbarn unterwegs sind. Gut gelaunt begleitet der Hundehalter seinen Hund und denkt an eine Erzählung von Thomas Mann: Herr und Hund.

Während des zweiten Ausgangs grüßt er alle, denen er begegnet. Mit anderen Hundehaltern unterhält er sich ausführlich, nicht ohne seinen eigenen Hund melancholisch lächelnd im Blick zu behalten.

Ab und zu spricht er mit ihm, aber nur, wenn keine andere Person in der Nähe ist. Er redet aber nicht auf ihn ein, sondern erzählt ihm behutsam von seinem eigenen Leben: »Heute Morgen habe ich mich über Hanna geärgert, weißt du …«

Hundehalterinnen, die ihren Hund im Laufschritt begleiten, bewundert er: »Ach, könnte auch ich einmal wieder so schnell sein …«

Er kann durchaus schnell sein, und er könnte auch laufen.

Im Grunde will er es aber nicht. Das Laufen würde seinem Hund eine fremde Seite zeigen, die er ihm partout nicht zeigen will.

Ist er an Feiertagen länger mit dem Hund unterwegs, kauft er eine Tageszeitung, setzt sich auf eine Bank und achtet darauf, dass der Hund sich geduldig neben seine Füße legt. Manchmal liest er etwas vor, aber nicht dem Hund, sondern einem Duo: Herr und Hund.

Ruft ein anderer Hundehalter seinem Hund nach dem Apportieren eines Stocks ein »Bravo!« zu, verdreht er die Augen: »Eine Schande!«, denkt er, »Herr und Knecht!«

Er führt seinen Hund an einer langen Leine: »Genau richtig«, murmelt er, »größtmögliche Freiheit bei stetem Kontakt!«

Er verreist nicht ohne seinen Hund. Sitzen sie im Zug, schauen sie zu zweit aus dem Fenster und beobachten die vorbeifliegende Landschaft. Manchmal kommen ihm in solchen Momenten die Tränen. Die aber lässt er dann doch nicht zu: »Nicht vor dem Hund.«

Nachts schläft er erst ein, wenn auch der Hund eingeschlafen ist: »Bis morgen früh«, flüstert er und denkt ein letztes Mal an Thomas Mann.

Der Spielfreudige

Der Spielfreudige lässt keine Gelegenheit aus, die Welt in ein Spiel zu verwandeln. Er spielt allein, zu zweit oder mit mehreren, gerade so, wie es sich ergibt. Hauptsache, es wird gespielt.

Betritt er seine Stammkneipe, eilt er sofort an den nächstbesten Automaten und füttert ihn eifrig. Er spielt, bis er alles Kleingeld ausgegeben hat.

Ist der kurze Rausch verflogen, wechselt er nach nebenan, ins Wettbüro. Er wettet auf die Ergebnisse von Fußballspielen, aber auch auf den Einlauf der Galopper im nächsten Rennen, irgendwo auf der Welt.

Spielen ein paar Jungs draußen auf der Straße Fußball, ist er sofort zur Stelle und kickt mit. Hat er Zeit, begleitet er sie auf einen größeren Platz. »Jugendtrainer wäre ich sehr gerne geworden«, sagt er und lacht.

Ist er mit seiner Freundin unterwegs, unterdrückt er zunächst seine Spielfreude. »Das kann ich dir nicht zumuten«, sagt er zu ihr, hält die Enthaltsamkeit aber nicht lange durch. Dann balanciert er auf einer Mauer oder einem Geländer und springt mehrmals hinauf und herunter, nicht ohne die Freundin zu animieren, es ihm gleichzutun.

Auf keine einzige Sportart hat er sich wirklich eingelassen. Konzentriertes Trainieren macht ihm keinen Spaß. »Dann bin ich zu sehr bei der Sache«, sagt er, »dann ist es kein Spiel mehr.«

Er hat bereits viele Brettspiele erfunden, kein einziges aber einem Verlag angeboten. Schlagen Freunde ihm vor, aus seiner Leidenschaft endlich auch Geld zu machen, schüttelt er nur den Kopf: »Ich stelle meine Spiele ins Netz, da können sie sich austoben.«

Schach ist eines der wenigen Spiele, denen er mit Skepsis begegnet. »Ich habe es oft versucht und auf unserem Marktplatz gegen wechselnde Gegner gespielt. Leider mag ich nicht, wenn eine Partie zu lange dauert, dann mache ich lieber rasch ein paar Fehler, um endlich etwas anderes spielen zu können.«

Wasserball gefällt ihm besonders. »Wasserball ist doppelbödig. Es bringt Schwimmen und Handball zusammen, zwei Spiele gleichzeitig!«

Eine Spielbank betritt er nur zu zweit. »Allein wäre ich dort verloren«, sagt er. »Ich begleite einen Freund, ohne selbst zu spielen. Hat er Glück und gewinnt, geben wir hinterher alles in der nächstbesten Kneipe aus. Danach spielen wir Skat, um wieder festen Boden unter den Füßen zu haben.«

Die Eilfertige

Die Eilfertige denkt voraus, immer das Nächstmögliche vor Augen. Seinem Erscheinen versucht sie, mit allen Mitteln zuvorzukommen.

Fährt die Straßenbahn in eine Kurve, macht sie die älteren Fahrgäste darauf aufmerksam: »Halten Sie sich lieber fest, diese Kurve hat es in sich.«

Nähert sie sich einer langen Schlange an der Supermarktkasse, winkt sie einen Mitarbeiter herbei: »Sie sollten rasch eine zweite Kasse öffnen.«

Ist sie mit ihren Freundinnen unterwegs, hat sie genau im Kopf, wo man einen Kaffee oder einen Sekt trinken könnte: »Dienstagnachmittag ist im La vita bis 18 Uhr geöffnet, keine Sorge!«

Singt sie in einem Chor, probt sie ein Stück zunächst allein zu Hause, bevor der gesamte Chor es probt.

Spielt sie mit ihrem Patenkind Ball auf einer Wiese, hat sie die gesamte Umgebung im Blick. Von wo droht Gefahr? Von einem fallenden Ast? Von einem Loch in der Erde? Von wandernden Maulwurfshügeln?

Hat sie sich verliebt, probiert sie in Gesellschaft der besten Freundin einige Hochzeitskleider an: »Sag mir ganz ehrlich, welches am besten zu XY passt …«

Geht sie auf große Reise, hat sie bereits eine Woche zuvor alle notwendigen Dokumente überprüft und bereitgelegt. Auch über den Proviant hat sie sich Gedanken gemacht. Als es losgeht, ist sie auf fast alles vorbereitet, über das Reiseziel hat sie gleich mehrere Filme gesehen.

Kommt sie am Zielort der Reise an, bewegt sie sich sicher und ohne Zögern zu Fuß durch die Straßen der Stadt: »Das Hotel liegt gleich links um die Ecke, dann rechts, ein ockerfarbenes Gebäude im Kolonialstil.«

Lädt man sie zum Essen ein, weiß sie vorher genau, was sie bestellt. Sie hat die Speisekarte im Netz studiert und berücksichtigt die Kommentare der Gäste bei der Wahl eines Gerichts: »Das Omelette mit Morchelschaum wird immer wieder lobend erwähnt, das nehme ich.«

Im Kino wird sie oft unruhig, da sie die Langsamkeit mancher Spielfilmszenen nicht gut erträgt: »Nun mach schon«, denkt sie im Stillen, »küss sie endlich, du Holzkopf, sie wartet schon seit einer Viertelstunde darauf.«

Die Weitläufige

Die Weitläufige hat fast immer mehrere Kontinente gleichzeitig im Blick und überlegt, was sie in der weiten Ferne unternehmen könnte.

Im Netz überfliegt sie Angebote für befristete Arbeitsaufenthalte in Gemeinschaft mit anderen oder für ausgefallene Tätigkeiten allein im Dienstleistungssektor. Auch mögliche Stipendien vermerkt sie in einer Liste.

Nicht von kommerziellen oder ethischen Gründen, sondern von den Reizen, die von einer Unternehmung ausgehen, lässt sie sich leiten: »Schildkröten in tropischen Wäldern zu untersuchen, finde ich interessanter als caritative Tätigkeiten in Westeuropa.«

Lässt sie sich auf ein bestimmtes Land ein, lernt sie seine Sprache rasch und kann sich schon bald besser ausdrücken als jeder Tourist, der das Land regelmäßig besucht.

Sie hat Freundinnen und Freunde auf der ganzen Welt. Mit vielen steht sie in regelmäßigem Kontakt. »Über Social Media das Leben mit ihnen zu teilen, finde ich einfach fantastisch.«

Fragt man sie, warum solche oft nichtig erscheinenden Social-Media-Nachrichten ihr so gefallen, tut sie empört und geht in die Offensive: »Mich beschäftigt das Leben der anderen sehr, ich möchte es genau kennenlernen, bis in jedes Detail. Ist das bei dir etwa anders?«

Sie verschickt kleine Gaben und Aufmerksamkeiten nicht nur an Geburtstagen. »Ich schenke etwas, wenn ich mehrmals an jemanden denke, das Geschenk ist eine Frage: ob gerade auch an mich gedacht wird? Schließlich glaube ich an Gedankenübertragung, sehr sogar.«

Über ein fernes Land unterrichtet sie sich durch Dokumentarfilme und Auszüge aus Sachbüchern. Schenkt man ihr einen Roman, der in diesem Land spielt, zögert sie: »Ich weiß nicht, ob ich das lese, ich lebe lieber selbst meinen Roman.«

Sie mag Freundinnen und Freunde, deren Berufe etwas von Wagnis und Abenteuer haben. Mindestens zweimal in der Woche geht sie zum Capoeira-Training: »Brasilianischer Kampftanz – das ist der Gipfel!«

Sie wollte früher einmal eine Weltläufige sein, will es aber längst nicht mehr werden. »Nein«, sagt sie, »das war ein Jugendtraum und zum Glück eine Verwechslung. Weltläufige haben nichts Weitläufiges, sie wissen immer schon alles.«

Die Italiensüchtige

Die Italiensüchtige verbringt während eines Jahres so viel Zeit wie möglich in Italien. Jede Region hat sie bereits mehrfach bereist und sucht sie wieder auf, wenn ihr danach ist. Keine darf zu kurz kommen, sie führt über ihre Reisen und die Dauer der Aufenthalte sorgfältig Buch.

Zu längeren Ferien fährt sie vor allem nach Ligurien, Venetien und in die Toskana.

Nach Venedig und Rom dagegen reist sie meist vor großen Feiertagen: »Das muss sein, da erlebe ich diese Tage erst so richtig.«

Fragt man sie, was sie an Italien so fasziniert, bleibt sie im Vagen: »Es ist einfach am schönsten dort.«

Als Liebhaberin italienischer Mahlzeiten bereitet sie auch zu Hause regelmäßig welche zu und lädt ihre Freundinnen dazu ein.

Fisch, Fleisch und Salate verfeinert sie mit einem Olivenöl, das sie in großen Mengen in einer Oleificio an der Adriaküste erstanden und mit dem Wagen nach Deutschland importiert hat.

Sie serviert venezianische Cicchetti, sorgfältig nach dem Rezeptbuch einer bekannten venezianischen Weinstube hergestellt – oder römische Kost, nach Rezepten einer auf dem Campo de' Fiori ansässigen Trattoria, in deren Chefkoch sie sich einmal verliebt hat.

Auch manche anderen Verbindungen zu den Einheimischen haben nicht selten mit starken Empfindungen von Zuneigung oder gar Liebe zu tun: »Viele Menschen sind mir einfach ans Herz gewachsen.«

In Italien wohnt sie nie in einem Hotel, sondern immer privat. Sie pflegt so viele Kontakte, dass sie auch nicht auf Airbnb angewiesen ist, sondern unter Zimmern und Wohnungen wählen kann, die gute Bekannte ihr gern überlassen.

Fast täglich hört sie italienische Canzoni. Viele Texte kennt sie auswendig, auch wenn sie nicht alle Details versteht.

Seit langem hat sie vor, Italienisch gründlich zu lernen, lässt es aber immer wieder bleiben: »Im Grunde verstehe ich mich auch so mit meinen Lieben, da gibt es gar keine Probleme.«

Die typischen Reiseführer ignoriert sie. Stattdessen sucht sie nach Büchern, die »Wege abseits der touristischen Zonen« versprechen und möglichst viele Hinweise auf angeblich versteckte Weinstuben oder Restaurants enthalten.

Kommt sie aus Italien nach Deutschland zurück, befällt sie jedes Mal eine heftige, mehrere Tage anhaltende Melancholie: »Ich sollte in Italien bleiben, für immer, ich weiß es.«

Ist sie wieder in ihrer Heimatstadt unterwegs, sucht sie alle paar Tage eine italienische Espresso-Bar auf, um dort einen Cappuccino zu trinken.

Auch zu Hause reicht sie, wenn sie Gäste hat, vor jeder Mahlzeit einen Aperitivo. Seit Jahren bevorzugt sie Aperol Spritz: »Das bin ich Venedig einfach schuldig.«

Bietet das Kinoprogramm einen Film, der in Italien spielt, sitzt sie schon bald in einer der hinteren Kinoreihen: »Da fühle ich mich wieder zu Hause.«

Zu ihren Lieblingsfilmen gehören *Ein Herz und eine Krone* (mit Audrey Hepburn und Gregory Peck) und *La dolce vita* (mit Anita Ekberg und Marcello Mastroianni).

Der Trinkkumpan

Der Trinkkumpan trinkt am liebsten zu zweit, und er hat viele Freunde, die seine Gesellschaft beim Trinken zu schätzen wissen.

Manchmal ruft er einen an und lädt ihn zum Trinken ein. Dann folgen die beiden strengen Ritualen, die sich jeweils danach richten, was und wo man etwas trinken will.

Er streift aber auch gerne durch die belebte Stadt und schaut nach, wo ein anderer Trinkfreudiger darauf warten könnte, beim Trinken Gesellschaft zu haben.

Trinkgelage mit ihm dauern mehrere Stunden. Sie zielen nicht darauf, betrunken zu werden, sondern darauf, die mögliche Trunkenheit durch hellwache, interessante Gespräche zu unterlaufen. Dann ergibt sich ein leichtes Schweben oder eine gewisse Trance, als hüllte die Welt einen in eine dünne, luftige Decke.

Hat er lange gesprochen und getrunken, vergisst er fast alles, was er gesagt und gedacht hat. »Das habe ich wirklich gesagt?«, fragt er lächelnd, wenn man ihn einige Tage später darauf anspricht.

Das Gesagte und Vergessene geht aber nicht verloren. Es gärt weiter in seinem Kopf und erlebt seine unerwartete Auferstehung beim nächsten Trinkgelage.

Mit einer Freundin fällt ihm das gemeinsame Trinken schwer. »Frauen hören anders zu und trinken ganz anders«, sagt er, »mein Trinken wird ihnen möglicherweise lästig, und lästig möchte ich niemandem fallen. Deshalb lasse ich es lieber gleich und trinke mit Freundinnen guten, starken Kaffee.«

Mahlzeiten während des Trinkens sind verpönt, sie würden das Trinken an den Rand drängen. Möglich sind aber Häppchen oder kleine, unauffällig wirkende Imbissspeisen, die rasch wieder vom Tisch verschwinden. In Köln zum Beispiel begleiten Röggelchen mit Mett und Zwiebeln das Trinken von unzähligen Kölsch.

Er liebt Fußballspiele und geht gern ins Stadion. Während der Spiele trinkt er nur wenig und hat auch danach keine Lust, sich als Trinkkumpan zur Verfügung zu stellen: »Vor manchen schönen Dingen muss man Respekt haben und darf sie nicht mit allem und jedem vermischen …«

Er mag es nicht, wenn Männer beim Trinken singen: »Es gibt kaum etwas Schlimmeres.«

Die Waldgängerin

Die Waldgängerin geht täglich mindestens eine Stunde in den nahen Wald, in dem sie jedes Mal andere Wege zurücklegt.

Während ihrer Spaziergänge fotografiert sie, was ihr auffällt: einzelne Bäume, Sträucher, Kräuter und alles, was blüht.

Erwähnt eine Freundin ihr zuliebe ein Gedicht, in dem das schöne Wort »Waldeinsamkeit« vorkommt, schüttelt sie empört den Kopf: »Ganz falsch, so etwas gibt es nicht. Es gibt nur die Waldzweisamkeit, genau die und nichts anderes.«

Die »Waldzweisamkeit« besteht aus ihr und dem Wald. Während sie in ihm unterwegs ist, empfindet sie eine starke Nähe, als wäre er ihr eigentliches Zuhause.

Im Wald wird sie nicht gern von anderen Menschen begleitet. Schließt sich ihr jemand an, schweigt sie und entschuldigt sich später: »Der Wald ist nun mal nicht für Unterhaltungen gemacht. Die sind etwas für die Stadt.«

Führt der Förster eine kleine Gesellschaft durch den Wald und erläutert den Baumbestand lange und ausführlich, winkt sie ab: »Solche Zahlen und Fakten werden dem Wald nicht gerecht. Leider weiß es der Gute nicht besser.«

Fahrradfahrer möchte sie im Wald nicht sehen, höchstens Fahrradfahrerinnen duldet sie. »Fahrradfahrer bewegen sich oft so, als wollten sie dem Wald etwas beweisen, Fahrradfahrerinnen haben das nicht nötig.«

Ältere Menschen, die im Wald Nordic Walking betreiben, kann sie nicht leiden: »Im Wald sollte man frei sein, frei von allem und jedem – und erst recht von hässlich klappernden Stöcken.«

Ist sie bei leichtem Regen allein im Wald unterwegs, schaut sie sich um und wagt eine Annäherung. Sie lehnt sich an einen dicken Baum, umfasst den Stamm und verweilt, bis der Regen sie eingeweicht hat.

Niemand findet im Wald derart viele Pilze wie sie. Sie kennt alle Sorten und entdeckt sie im Laub und in dunklen Verstecken. Mit einem vollen, großen Korb kommt sie am Abend nach Haus: »Das wird eine wunderbare Mahlzeit, nur für uns beide …«

Bei heftigem Gewitter bleibt sie in ihrer Wohnung. Sie legt eine CD auf und hört *Die Sprachen des Waldes*: das Säuseln des Windes, das Knarren eines Astes, das Tröpfeln des Regens: »Das höre ich lieber als jede Musik.«

Die Bestellfreudige

Die Bestellfreudige surft leidenschaftlich gerne im Netz, auf der Suche nach preiswerten und attraktiven Angeboten.

Am liebsten recherchiert sie Kleidung und Schmuck, aber auch Möbel und kleinere Accessoires schaut sie sich genau an.

Seiten mit Sachen, die ihr gefallen, druckt sie aus und heftet sie später mit kurzen, libidinösen Kommentaren in einen Ordner: »Bestickter Blazer mit herbstlichen Blumenmotiven. Die drei schicken Perlmuttknöpfe haben es mir besonders angetan.«

Noch lieber als Angebote im Netz sind ihr Angebote im Teleshopping. Erläutert ein weiblich-männliches Verkäuferpaar die Waren, hört sie angespannt zu und wiederholt manchmal wortgetreu eine besonders gelungene Anpreisung.

Oft denkt sie daran, etwas Entlegenes zu erwerben, das sie bei *Bares für Rares* verkaufen könnte. Die Schmuck- und Kunstexpertinnen der Sendung schätzt sie besonders: »Wenn ich mich bloß einmal so genau und elegant ausdrücken könnte!«

Das meiste von dem, was ihr geliefert wird, schickt sie wieder zurück: »Ich möchte so wenig wie möglich besitzen, aber unbedingt spüren, ob mir etwas entgeht.«

Gefällt ihr bestellte Kleidung, schlüpft sie rasch hinein, mustert sich vor einem großen Spiegel, fotografiert sich und postet das Foto auf Instagram: »Keine Sorge, ich weiß genau, was ich tue.«

Eines ihrer großen Idole ist Karl Lagerfeld: »Er war wie ich und ganz nach meinem Geschmack. Wir hätten uns fantastisch verstanden, wenn bloß die Katze nicht gewesen wäre. Auf die hätte ich verzichtet.«

Sie liebt Opern und opulente Ausstattungsfilme, die im Barock oder im Rokoko spielen. »Vor der Französischen Revolution hatten die Menschen noch einen sublimen Sinn für kleinste, leuchtende Dinge.«

Sie geht gerne aus, am liebsten zu zweit. Von Freundinnen lässt sie sich gerne begleiten, Männer sind ihr nur willkommen, wenn sie sich noch genau daran erinnern, wo und von wem sie ihre jeweilige Kleidung bezogen haben. »In solchen Dingen sollte Vergesslichkeit bestraft werden.«

Der Fernseh-Dialogist

Der Dialogist lebt mit dem Fernsehen, dem er täglich viele Stunden zu Hause widmet.

Betritt er die Wohnung, peilt er die Fernsehecke an, schaltet das Gerät ein und zappt hastig durch die Programme.

Er sucht nicht nach Themen und Inhalten, sondern nach Personen, mit denen er reden und denen er die Meinung sagen kann.

Hat er Gesprächspartner gefunden, macht er seine Lockerungsübungen: »Na, Ingo, noch immer mit Bart? Steht dir nicht, habe ich dir schon oft gesagt! Heute nuschelst du wieder stark! Kürzere Sätze, kürzere! Mensch, mach deine Hausaufgaben!«

Gesprächspartnerinnen behandelt er höflicher, zielt dabei aber meist noch eindeutiger auf ihr Aussehen und ihre Kleidung: »Na, Judith, bisschen spät geworden, gestern Abend? Die linkslastige blonde Locke macht dir inzwischen jedes Hascherl nach, Zeit für eine andere Frisur.«

Dokumentarfilme lässt er noch gelten, Spielfilme nicht. Am liebsten schaut er Natur- oder Tierfilme. Dabei mischt er sich laufend in den Kommentar ein und kommentiert den Film anders und neu: »Natur und Tiere – da macht mir niemand was vor.«

Verfolgt er Bundestagsdebatten, kann er sich nicht mehr beherrschen. Mit rotem Kopf reagiert er laut auf Reden, die ihm nicht behagen oder deren Aussagen er sogar verabscheut.

Steigert er sich in ein Debattenfieber, muss er das Fenster schließen, damit die Nachbarn und Menschen draußen auf der Straße nicht mitbekommen, dass und wie er ausrastet.

Er braucht ein Gegenüber im Bildformat, am besten live. Liest er Zeitung, bleibt er stumm und nimmt wie ein Abwesender kaum wahr, was er liest.

Er mag weder Streamingdienste noch Online-Mediatheken: »Alles abgestandenes, lebloses Zeug …«

Manchmal begegnet er sich selbst auf dem Bildschirm und schaut ein Video, das er von sich selbst gedreht hat. Dann schwankt er zwischen Bewunderung und Distanz: »Gar nicht schlecht, mein Lieber …, aber …, aber – Sie könnten viel mehr aus sich rausgehen!«

Der Kussteufel

Der Kussteufel erfährt die Welt über seine hoch empfindlichen Lippen, mit denen er alles berührt, was ihn besonders anzieht.

Geht er auf den Wochenmarkt, kann er den Blick nicht vom ausgelegten Obst und Gemüse abwenden. Er lässt sich die schönsten Äpfel und Pfirsiche reichen und tut so, als rieche er an ihnen. Dabei küsst er sie flüchtig, um ihre Haut und ihren Pelz zu spüren.

Obst und Gemüse, das ihn begeistert, nimmt er in wenigen Exemplaren mit nach Hause. Unterwegs bleibt er hier und da stehen, greift nach einer Pflaume oder einer Birne, lässt die Lippen auf ihrer Schale kreisen und beißt schließlich genießerisch wie ein Vampir heftig zu.

Ist er in der Stadt unterwegs, vibrieren seine empfänglichen Lippen im Rhythmus seiner Schritte. Immer wieder verlässt die Zunge die Mundhöhle und sondiert den Lippenbefall nach allem, was die Atmosphären bereithalten.

Süßes, Saures, Scharfes, Bitteres, Metallisches – er könnte wie kein anderer davon erzählen, was Straßen, Häuser und Menschen ihm an flüchtigen Nährstoffen bieten.

Im Kino schließt er angewidert die Augen, wenn Paare sich küssen: »Sie können es einfach nicht, sie verstehen vom Küssen nicht das Geringste.«

Fragt man ihn, ob er jemals bereit gewesen wäre, in einem Spielfilm mitzuwirken, um durch einen Kuss zu glänzen, antwortet er vielsagend: »Michèle Morgan hätte ich mir als Partnerin vorstellen können, in den späten dreißiger Jahren, in *Hafen im Nebel* ...«

Freundinnen und Freunde begrüßt er auf der Straße nie mit einem Kuss: »Ein Kuss ist das Schönste und Innigste, das es gibt. Um zu küssen, bedarf es einer eigenen Aura, in Wald und Wiese, auf dem Wasser, am besten draußen im Freien, dort, wo zwei Menschen wirklich einmal allein sind.«

Soll er vom Geheimnis des Küssens sprechen, bleibt er ungenau und besteht darauf, dass es ein Geheimnis sei. Immerhin soll er aber einmal preisgegeben haben, dass die Hirnmoleküle während des Kusses angeblich frei zu tanzen beginnen, vor lauter Freude und keineswegs vor billiger Lust.

Bedrängt man ihn weiter, spricht er davon, dass Küssen etwas Hocherotisches sei: »Sexualität ist banaler Körpersport, ein Kuss dagegen ist Mozart, ein Hauch von Cherubino oder, mit anderen Worten: Triebfreie Wollust ...«

Der Teilchenbeschleunigte

Der Teilchenbeschleunigte lebt von Push-Nachrichten, die er sich von so vielen Anbietern und zu so vielen Anlässen wie möglich schicken lässt.

Trinkt er mit Freunden ein Bier, reagiert er ununterbrochen und wie elektrisiert auf fast jede eingehende Meldung: »Der FC führt gerade 1:0 ... – Bertas Zug hat sieben Minuten Verspätung ... – Das Klavierfestival Ruhr beginnt nächstes Jahr einen Monat früher als sonst ...«

Die eingehenden Nachrichten rasen durch seinen Kopf, stauen und überschlagen sich – und machen ihn im Extremfall mundtot: »Hey, Leute, tut mir leid, ich bin momentan übertaktet.«

Er kann den Blick nicht vom Display seines Mobilgeräts abwenden. Ist er unterwegs, bleibt er manchmal stehen, um kurz Luft zu holen und »sich zu sortieren«.

Darüber, wie er das anstellen könnte, denkt er seit langem ohne konkrete Ergebnisse nach. Twittern bietet sich an, aber er betreibt es nur notgedrungen, ohne dass sich das Empfinden des Sortierens ergäbe.

Fragt man ihn, warum er sich solche Belastungen antut, antwortet er: »Ich gehe mit der Zeit, präzise, Moment für Moment, ich erlebe die Zeit wie einen Rausch. Nur Tiefseetauchen ist besser …«

Seine Freunde und Freundinnen wählt er nach dem Neuigkeitswert ihrer Nachrichten aus: »Die besseren nutzen Apps, von denen selbst ich noch nichts gehört habe.«

Erkundigt man sich, welche Meldungen er ignoriert oder als überflüssig betrachtet, antwortet er sofort: »Kulinarischer Kram interessiert mich nicht im Geringsten, auch Nachrichten über alles, was riecht, duftet oder sich sonstwie verfusselt, gehen mich nichts an.«

In stilleren Momenten spricht er davon, wie er sich in den letzten Jahren verändert hat: »Ich esse anders, trinke anders, gehe und laufe anders. Mein ganzer Kreislauf arbeitet anders, aber ich bin nie mehr allein, so wie früher, das nicht!«

Feste Verabredungen mag er nicht mehr: »Auf sowas kann ich mich nicht einlassen. Mache ich irgendwo mit, bekomme ich laufend zu lesen, wo ich stattdessen mitmachen könnte. Das hält kein Mensch aus …«

Ab und zu versteckt er sich in einer Kirche: »Dominus mecum!«

Der Sehnsuchtstrinker

Der Sehnsuchtstrinker lebt von nicht erfüllten Sehnsüchten, deren Erfüllung jederzeit möglich wäre, aber nicht wirklich beabsichtigt ist.

Noch in diesem, laufenden Jahr will er unbedingt nach Buenos Aires reisen und im dortigen italienischen Viertel ein altes Hotel beziehen, über das Jorge Luis Borges eine Erzählung geschrieben hat.

In Lissabon will er sich in das bekannte Café setzen, das Fernando Pessoa frequentierte, um dort seine unnachahmlichen Notate zu schreiben.

Spürt er den Sehnsuchtsschmerz einmal besonders heftig, bezieht er in seinem Wohnort für zwei, drei Nächte ein Hotel und besucht täglich ein bestimmtes Café. Dort schreibt er Erzählungen und Aufzeichnungen, die seine Sehnsucht beruhigen und die Gestalten der Ahnen allmählich unkenntlich machen.

Sein stärkstes Sehnsuchtsgift ist die Liebe. Er hat einen kleinen Kreis von Menschen im Blick, von denen er jeden einzelnen lieben könnte. Würde er sie darauf ansprechen und seine Gefühle gestehen, könnte die Realität ihn enttäuschen. Auch deshalb belässt er es bei seiner Sehnsucht.

Wird die Liebessehnsucht in bestimmten Fällen heftiger, drängt es ihn, davon zu erzählen. Solche Erzählungen hören sich aber so an, als erzählte er nur von guten Bekannten, mit denen er einmal dieselbe Schule besucht hat und die er gern wieder treffen würde, um über die schönen Erlebnisse von gestern zu plaudern.

Trinkt man mit ihm einen Wein, den er besonders mag, kommt er lange nicht mehr von seinen Innenraumflügen zurück. Eine Sehnsucht jagt die nächste, bis er im Himmel angekommen ist, wo ihn Gottvater wieder auf den Boden der Tatsachen zurückholt: »Du solltest unbedingt mal wieder beichten, ohne zu träumen, hörst du?«

Seine stets lodernde Sehnsucht umgibt ihn manchmal mit einer Aura von Einsamkeit. Dann glaubt er nicht daran, dass auch andere von Sehnsüchten geplagt und verfolgt werden, oder er nimmt an, dass er ihre Sehnsüchte nicht versteht und es sich um etwas ganz anderes handelt.

Nennen die Neunmalklugen ihn »einen Romantiker«, wendet er sich ab: »Ich weiß nicht, was das sein soll, bestimmt nichts, das mir Freude machen würde.«

Freundinnen, die ihn gut kennen, glauben fest, dass er die Welt einmal begeistern wird: »Dann wird der Vorhang in seinem Tempel zerreißen …«

Die Kupplerin

Die Kupplerin betritt den Lesesaal der großen Bibliothek am späten Vormittag. In einer der mittleren Reihen nimmt sie an einem Tisch Platz, breitet die Flotte der mitgebrachten Stifte aus und ordnet den Stapel von bunten Zetteln, der sich am rechten Rand auftürmt. Sie setzt die Kopfhörer auf und achtet darauf, dass sie so leise wie möglich eingestellt sind.

Anfangs hört sie noch Musik, nach einer Eingewöhnungsphase von ein paar Minuten wechselt sie zu laufenden Nachrichten, die von kulturellen Ereignissen in der näheren Umgebung berichten und die Mitwirkenden vorstellen.

Sobald die ersten Namen und Titel genannt werden, notiert sie, was ihr die Radiostimmen zugeflüstert haben:

Händels Oratorium »Joshua« morgen Abend in der Andreaskirche, 20 Uhr!

Im Kommunalen Kino läuft ab Donnerstag eine Peter Bogdanovich-Retrospektive!

Ivo Pogorelich, der fast drei Jahre nicht in unserer Stadt gespielt hat, ist am Samstag, 20 Uhr, in der Liederhalle zu hören! Scarlatti, Chopin! Was für eine Freude!

Zehn bis fünfzehn Zettel beschriftet sie an einem Vormittag. Sie werden hintereinander sortiert, in der chronologischen Reihenfolge der Veranstaltungen. Dann schaut sie sich unauffällig um und studiert Gestik und Mimik der anderen Leserinnen und Leser. Welchen von ihnen sollte sie einen Zettel zuspielen, heimlich, in einem unbeobachteten Augenblick, wenn sie sich für eine Pause aus dem Lesesaal entfernt haben?

Ist ein solcher Moment da, streift sie am Tisch der Auserwählten vorbei und legt den Zettel rasch ab. Später verteilt sie ihre Nachrichten überall da, wo sie nach dem Bibliotheksbesuch in der Stadt unterwegs ist, also auch in Cafés oder den modischen Damen- und Herrenabteilungen der Kaufhäuser. Mit der Zeit hat sie lauter neue Räume für ihre Verkupplungsaktionen entdeckt, über die sie genau Buch führt.

Wenn sie während eines Konzerts am Abend jemanden entdeckt, der ihrer Einladung gefolgt ist, macht sie das fast verlegen. Sie gönnt sich ein Glas Sekt oder ein anderes kühles Getränk, und wenn sie in der Pause das Glas hebt, glaubt sie für einen Moment, dass sie mit einem Gast anstößt.

Sie bleibt aber allein, eine Kupplerin, die spätnachts in ihrer Wohnung kleine Erfolge notiert:

Eine Dame um die Fünfzig, vielleicht eine Musiklehrerin? Mittelscheitel, grüne Bluse, schwarzer Rock, kein Schmuck. Sah sie in der Bibliothek, sie las ein Buch über Verdi und ist wahrhaftig auf meine Einladung in das Konzert mit Flamencomusik gekommen.

Eine junge Frau, nicht älter als dreißig, blond, auffällig geschminkt (rosa Lippenstift), Perlmutt-Armband, langes Baumwollkleid mit Reverskragen. Sah sie in der Damen-Abteilung von Knauterstone, oberster Stock, sie probierte ein Cocktailkleid mit dunklem Gürtel an und kam in das Jazzkonzert von Maggie André. Blieb nachher noch lange im Foyer und unterhielt sich mit einer Begleitung.

In stillen Momenten versteht sie die Zettelaktionen als eine Performance. Sie sucht aber weder Bekanntschaft noch Bekanntheit, und berühmt möchte sie erst recht nicht werden. Vielleicht wird sie ihre Aufzeichnungen einmal unter einem Pseudonym veröffentlichen, vielleicht.

Die größte Freude hat sie beim nächtlichen Blick herab auf ihre Stadt. Wenn die Straßen erleuchtet aufglimmen, träumt sie davon, dass einige Verkehrsströme mit den Hinweisen und Wegen auf ihren Zetteln zu tun haben. Dann hält sie sich für eine Zauberin, deren versteckten Hinweisen die Menschen ergeben folgen.